AF465907

LA

FRANCE ANCIENNE

SA NOBLESSE

LA

FRANCE NOUVELLE

SES DEVOIRS

PAR LE

Comte de LAPEYROUSE de BONFILS

Auteur de l'*Histoire de la Marine française jusqu'en 89.*

C'est par la connaissance de notre glorieux passé, si calomnié par la Révolution, que nous arriverons à l'union des cœurs, sans laquelle la France est condamnée à périr sous les coups de l'étranger et du radicalisme.

Lecteurs ! si l'ouvrage vous paraît devoir être utile, faites-le lire.

SOCIÉTÉ GÉNÉRALE DE LIBRAIRIE CATHOLIQUE

PARIS
Victor PALMÉ, Directeur général
76, rue des Saints-Pères, 76.

BRUXELLES
J. ALBANEL, Directeur de la Succursale
29, rue des Paroissiens, 29

GENÈVE
GROSSET et TREMBLEY, Libraires-Éditeurs
4, rue Corraterie, 4.

1880

PUBLICATIONS DE LA SOCIÉTÉ GÉNÉRALE DE LIBRAIRIE CATHOLIQUE

VICTOR PALMÉ, directeur général.

PARIS — 76, rue des Saints-Pères, 76 — PARIS

Les Trois Frances, par le R. P. UBALD DE CHANDAY, O. M. C. — I. **La France satanique, ou la Révolution.** — II. **La France chimérique, ou le Libéralisme.** — III. **La France catholique et l'Ère des châtiments.** — Conclusion : **La Contre-Révolution.** — 1 fort vol. in-8° de XIX-569 pages . . . . 7 fr.

Les deux Frances. — *Radicaux et Catholiques en 1870-71*, par E. D'AVESNE. — 1 beau vol. in-12 de 386 pages . . . . 3 fr.

L'Autorité et la Liberté, par Mgr LANDRIOT, archevêque de Reims. — 1 vol. in-12 de XII-267 pages. . . . . 2 fr.

Application de l'idée chrétienne aux choses de notre temps, instruction et discours de circonstance de Mgr MABILE, évêque de Versailles. — 1 vol in-8° de XV-408 pages . . . . 5 fr.

Le Pape et la Liberté, par le P. CONSTANT, des frères prêcheurs, docteur en théologie. — 1 vol. in-12 de XXXVI-300 pages . . . . 2 fr.

— **Le Même,** 2e édition, revue et augmentée. Ouvrage honoré d'un bref du Souverain Pontife et des approbations de vingt-deux archevêques et évêques. — 1 beau vol. in-8° de XLVIII-366 pages. 5 fr.

Le Problème économique et la Doctrine catholique, par le R. P. DELAPORTE, prêtre de la Miséricorde, docteur en théologie, professeur de dogme à la Faculté de Bordeaux. Ouvrage précédé d'une lettre de S. Em. Mgr le cardinal Donnet, archevêque de Bordeaux. — 1 fort vol. grand in-8° de XXXII-552 pages. . . . . 6 fr.

La vérité en politique, ou études sur le pouvoir dans la société, par J.-C. SÉNIGON, archiprêtre en retraite, chanoine d'Agen, auteur de **La Liberté et de la Vérité en religion.** Ouvrage recommandé par plusieurs évêques et approuvé par d'illustres théologiens. 2e édition, plus que doublée. — 1 fort vol. in-12 de XV-510 pages. 3 fr. 50

La vérité en religion, par le même. — 1 vol. in-12 de XI-386 pages. 3 fr.

Le futur gouvernement de la France, par Armand RAVELET, 2e édition. — Brochure in-8° de 47 pages . . . . 1 fr.

Un programme conservateur, étude constitutionnelle. — 1 vol. grand in-8° de 198 pages. . . . . 3 fr.

Essai d'une nouvelle déclaration des droits de l'homme, 2e édition publiée par les soins de P. DELAGRANGE. — Brochure in-8° de 42 pages.

FRANCE ANCIENNE

SA NOBLESSE

LA

FRANCE NOUVELLE

SES DEVOIRS

PAR LE

Comte de LAPEYROUSE de BONFILS

Auteur de l'*Histoire de la Marine Française jusqu'en 89.*

C'est par la connaissance de notre glorieux passé, si calomnié par la révolution, que nous arriverons à l'union des cœurs, sans laquelle la France est condamnée à périr sous les coups de l'étranger et du radicalisme.

Lecteurs ! Si l'ouvrage vous paraît devoir être utile, faites-le lire.

MARSEILLE
IMPRIMERIE E. JOUVE ET Cie
36, Rue Montgrand, 36.

1880

PREMIÈRE PARTIE

LA FRANCE ANCIENNE

PRÉFACE

Autant l'origine de l'ancienne France est naturelle, conforme aux traditions les plus augustes de l'humanité, autant celle de la France moderne est contre nature, menaçante et fatale. La première lui doit sa longue durée, son expansion universelle et sa résistance invincible et triomphante à tous les dangers qui l'ont assaillie.

La France moderne en se posant, dès sa naissance, l'adversaire de principes qui avaient constitué son aînée, a porté le trouble dans le monde entier, semé la division et la discorde parmi les siens, bouleversé son état social et politique et subi, en fin de compte, trois invasions victorieuses, la perte de ses colonies et de deux provinces.

Non serviam! Ce cri des anciens jours qu'elle porte écrit sur son front découronné, n'a pas plus réussi aux forts qu'aux faibles, et son sinistre éclat nous prépare, à n'en pas douter, une dernière catastrophe.

Frédéric de Prusse doit se réjouir dans sa tombe, lui qui faisait des vœux si ardents pour que ses ennemis en vinssent à se laisser gouverner par les philosophes, qu'il protégeait par calcul autant qu'il les méprisait. Ce sont eux, ces apôtres de la révolution, ces contempteurs de toutes les vérités religieuses, politiques et sociales, qui ont porté le coup le plus funeste à notre pays en le désagrégeant en toutes choses et en lui communiquant leur insupportable prétention de faire, de parler et de dire autrement que les autres.

Nouveau Protée, la révolution a vu, sous leurs auspices, grandir son influence qui s'est propagée dans tous les pays, prenant les formes que les circonstances exigaient. Pour les uns, elle est la violence, l'anarchie, toutes les convoitises à assouvir. Pour les autres, elle est l'ordre, et avec les mots de *libéralisme*, de *démocratie progressive*, de *libre-pensée* et de *progrès*, elle s'impose partout, à la cour des rois, dans les châteaux, et jusque sous le chaume.

Ces derniers mots sont si chatoyants à l'oreille et en même temps si vagues, que l'intelligence de l'homme actuel, amollie par une éducation fausse, se sent de l'attrait pour eux, dans l'ignorance où il est de leurs effets. Ces mots sont le pavillon qui couvre sa mauvaise marchandise.

C'est surtout depuis la paix de 1815, qu'elle a pris ce

grand développement, que l'autorité absolue de l'empire tenait sous l'éteignoir. Aujourd'hui comme alors, l'esprit révolutionnaire, ou le libéralisme, est beau diseur, beau parleur, plaidant le faux pour le vrai. Son action a été d'autant plus grande qu'il a eu le concours des hommes qui jouissaient de la faveur populaire et dont la place, pour quelques-uns, eût dû être ailleurs. Les avocats sans cause, les déclassés, les intrigants et les commis-voyageurs, dont la suffisance et l'intempérance de langage nous ont tant décrié à l'étranger, ont servi de propagateurs infatigables à ces doctrines subversives.

La libre-pensée qu'on érige en principe, est une infirmité morale qui ne se voit que chez les peuples en décadence. Avec elle il n'y a plus de morale nécessaire, et pourquoi alors l'homme serait-il assez illogique pour s'en imposer une qui coûte tant d'efforts. Une nation de libre-penseurs doit fatalement finir par être, en haut, une société d'épicuriens, et en bas, un troupeau à la merci du premier conquérant. La pensée contenue, au contraire, c'est l'homme des devoirs et de l'honneur prêt à exposer sa vie pour sa foi et sa patrie.

Sans doute, le libératisme n'a pas hérité des passions farouches de la révolution, mais c'est justement à cause de cette modération relative que, dans ses conséquences, il est aussi désastreux.

N'est-ce pas le libéralisme qui a imaginé l'athéisme de la loi, la séparation de la vie publique et de la vie privée, qui a glorifié la doctrine du déclassement, de l'égalité absolue, au détriment des hiérarchies qui font l'harmonie et la sécurité des sociétés ? C'est ainsi qu'il nie que la vraie liberté, et nous insistons sur ce point, consiste à traiter inégalement des êtres inégaux, à unir et non pas à confondre ce que la nature rapproche et sépare.

Les idées libérales s'adressent à ce qu'il y a de hautain et d'amer dans le cœur de l'homme, et il n'est pas étonnant qu'elles aient tant de succès, puisqu'elles enrôlent tout l'orgueil humain à leur service et consacrent sous le nom de justice et de légalité, tous les besoins d'indépendance, de domination et de convoitise.

On serait effrayé si on se rendait compte des ravages que ces doctrines ont faites sur l'intelligence et la conscience des classes laborieuses des villes et des campagnes. Ceux qui vivent ou sont en relations avec elles ne nous démentiront pas : elles tournent à l'extravagance. Flattées par une foule d'ambitieux, qui abusent de leur ignorance et de leur simplicité, elles tombent dans un espèce d'idolâtrie d'elles-mêmes. On leur répète sans cesse qu'elles ont l'intelligence, l'honnêteté, la science même, qu'elles finissent par le croire. Il faut voir aussi avec quel superbe dédain ces millions d'ignorants présomptueux, traitent le passé de la France et nos traditions nationales.

Et cependant ces traditions ne sont-elles pas le résultat de l'expérience, du bon sens et du génie, de siècle en siècle, de nos ancêtres ? Livre d'or, histoire en quelques mots de notre grande histoire, elles s'offrent à notre esprit sous les formes les plus simples et les plus saisissantes. L'individu, la famille, l'homme d'État, se complètent, en acquérant sans effort des connaissances qu'ils auraient ignorées sans elles. Privez un peuple de ses traditions, il trébuche à chaque instant, il est sans boussole. Nos pères ont fait cela, ils pensaient ainsi ! Sait-on se rendre compte, dans ces quelques mots, de la somme de haute raison et de sagesse qu'ils renferment ?

C'est pour nous être éloignés de ces idées saines et pratiques que nous sommes devenus un peuple ingouvernable. Soumis sans réserve au pouvoir ou en rebellion ouverte contre lui, nous faisons de la liberté, quand nous la possédons, une arme irrésistible en nos mains, non pour consolider le pouvoir, en réprimer les abus, mais pour le battre en brêche et le prendre d'assaut, au profit de la révolution.

En cessant d'être royalistes, bonapartistes, ou républicains, nous sommes restés révolutionaires, et en dépit de nos prétentions au progrès et à la civilisation, nous déclinons visiblement.

Il est certain qu'en dehors de ces flatteurs à gages, qui peut douter que notre cerveau social n'ait pas le caractère d'un commencement de ramollissement. Il oublie, il est d'une *sensiblerie* extrême, et la tension de ses nerfs est quelquefois effrayante.

En politique, il n'a ni amour, ni haine ; exclusivement occupé de son moi, il s'y gouste et s'y roule, comme dirait Montaigne. Aujourd'hui il pleure sur nos modernes Girondins, cause de nos malheurs, parce que l'opportunisme trouble sa quiétude ; demain il s'attendrira sur les opportunistes qui ont soulevé les fureurs populaires contre une partie de la nation, parce que les Brissotins et les Montagnards l'épouvantent.

Dans l'ordre social, les scandales et les crimes les plus inouïs sont pour lui un sujet d'émotion. Aussi est-il plein de mansuétude à leur égard. Soyez sûr que si un jour, on lui donne un cirque et des jésuites ou cléricaux à faire manger aux bêtes, pour le distraire, il n'y aura pas assez de places dans l'amphithéâtre pour contenir la foule, affamée d'un semblable spectacle. Et, tous les jours, grands enfants que nous sommes, nous entendons de sang-froid, des niais qui nous disent : « Les horreurs de 93 sont impossibles, la civilisation ne le permettrait pas. Et la Commune de 1871, et les otages, et la ruine de Paris qui allait s'accomplir sans l'arrivée inattendue de l'armée ! Avons-nous donc oublié tout cela ?

S'il est vrai, selon le comte de Maistre, que l'histoire n'ait été depuis 300 ans, qu'une vaste conspiration contre la vérité, c'est surtout au dernier siècle et à notre époque, que ce fait attristant se manifeste hautement. Il a été d'autant plus facile de tromper la nation, qu'en ne tenant pas compte des perturbations profondes qui, par trois fois, ont pour ainsi dire renouvelé la face du pays; qu'en dissimulant l'isolement, puis le mélange, la fusion violente ou graduelle des diverses races qui constituent l'unité française, les historiens ont pu faire de notre histoire nationale un véritable cahos, dont eux et leurs disciple ont abusé de la manière la plus odieuse.

C'est ainsi qu'ils ont fait pénétrer dans les esprits toutes sortes de préjugés, d'autant plus difficiles à extirper, qu'ils ont pour eux la consécration du temps et des mœurs. Scandale sans précédent dans les fastes des peuples, la nation française est la première à laquelle on a fait accroire, sans protestation de sa part, que ses glorieux ancêtres furent réduits à l'état de tyrans cruels et d'esclaves.

Cette déplorable école historique s'est bien gardée d'appeler l'attention sur le prodigieux travail accompli dans la vieille France, par la politique traditionnelle de nos rois qui, sans violence, sans coup d'autorité, sans précipitation, mais uniquement par la puissance naturelle de la forme monarchique héréditaire, a fondé le magnifique édifice de notre nationalité. Il est plus que temps de réagir contre ce honteux système, qui est une véritable trahison nationale, et de reconnaître enfin que le relèvement du pays sera un problème insoluble tant que nous persisterons à le vouloir en dehors de la vérité et des principes conservateurs.

Les doctrines de la révolution dont la formule est

l'anarchie, n'admettent aucune transaction honnête possible. Ce n'est pas avec elles qu'il faut chercher à s'entendre, mais plutôt avec ses innombrables victimes dont beaucoup sont aussi à plaindre qu'à blâmer.

Notre œuvre s'adresse plus particulièrement à elles, en leur montrant ce que fut le pays de leurs pères si calomnié, et en les invitant à la concorde sur le terrain de la monarchie traditionnelle qui, par un bienfait de la providence, est la seule forme de gouvernement qui ait échappé aux nombreux essais de nos sectaires. Les déceptions cruelles qui les attendent, le trouble d'une conscience qui n'est que dévoyée, seront nos puissants auxiliaires.

Nous aurions désiré donner à ces études le développement qu'un sujet si plein d'actualité comporte, mais le temps et le souffle nous manquent. A d'autres plus heureux d'accomplir cette tâche aussi utile que glorieuse.

Cependant, en apportant le grain de sable qui doit servir à refaire l'édifice national, que tant de vaillants esprits dans la presse, à la tribune, dans l'histoire et dans la science, sont en train de reconstruire, qu'il nous soit permis de citer les noms de MM. Veuillot, Le Play, de Ribbe, Chesnelong, Lucien Brun, de Mun, Baragnon, le général Ambert, Mayol de Lupé, Saint-Genest, de Cornulier, etc., etc., qui, chacun dans son ordre d'idée, marche à l'avant-garde de cette nouvelle croisade. MM. Taine et Maxime du Camp ne sont pas de notre camp, mais nous aimons à rendre hommage à leur rare talent et à leur caractère indépendant et droit, qui, en les dégageant de toute influence, en font deux historiens dignes d'arriver par la force de la vérité, aux mêmes conclusions que tous ces esprits distingués.

CHAPITRE 1er.

LA FRANCE ANCIENNE

LA FRANCE FÉODALE.

L'âme de la patrie française s'est révélée à Tolbiac, et sa conversion au catholicisme a déterminé sa haute mission dans le monde.

Nos traditions vont commencer.

Constituée à l'ombre de la croix et par l'épée sous la triple influence du catholicisme, de la royauté héréditaire et de la famille, la France semble s'être particulièrement personnifiée dans les trois classes de la noblesse, de la grande bourgeoisie et du paysan, dont les vertus héréditaires se maintinrent, à quelques exceptions près, jusqu'au commencement du XVIIIe siècle. C'est là où se trouve le secret de sa grandeur et de ses résistances invincibles.

Ces trois classes, constamment fidèles au chef, ont été en effet la pierre angulaire de ce majestueux édifice qui, successivement, a reposé sur la conquête pure, sur la féodalité, la monarchie tempérée, la monarchie absolue, connue généralement sous le nom d'ancien régime.

La première époque, qui va de Clovis à Charlemagne, et qui fait de la France la dominatrice de l'Occident sous les auspices de ce grand homme, appartient à la genèse de notre histoire. A la mort de Charlemagne, l'Europe tombe dans la barbarie, la France est plus particulièrement frappée. Tous ses guerriers ont péri à Fontenay. Sa nationalité est compromise, comme sa vaillance.

Cependant la tradition existe toujours ; elle n'attend pour se montrer que le retour d'une royauté incontestée. Alors apparaît la féodalité, constitution bizarre, savante et pratique qui, en dépit de ses incohérences, devient un véritable progrès social.

La religion et le sentiment profond de la hiérarchie et de la tradition en sont la base fondamentale. La France reconquiert ses vertus généreuses et guerrières.

« Le peuple, les seigneurs du peuple, les barons, les seigneurs des barons, les comtes, les seigneurs des comtes, le seigneur de tous les seigneurs, le chef seigneur, le seigneur souverain, le Roi... Voyez comme à cet ordre, dit Monteil, tiennent les nombreux liens qui unissent les hommes entre eux, qui multiplient leurs mutuels rapports de bienveillance et d'amitié, qui établissent entre tousles membres de l'Etat, depuis le premier jusqu'au dernier, depuis le Roi jusqu'au plus pauvre serf, un continuel commerce de services reçus et rendus : car si les serfs et les tenanciers sont obligés de donner une partie de leur blé, de leur vin, de leurs bestiaux et de leur travail à leur seigneur, celui-ci à son tour est obligé de défendre les champs et les vignes, les troupeaux et les personnes des serfs et des tenanciers, et de les secourir dans leurs pertes, leurs accidents et leurs malheurs; en même temps, si le seigneur est obligé d'un autre côté à servir de ses armes et de ses conseils, le baron, à son tour, est obligé de protéger le seigneur contre la malveillance, les usurpations, les attaques des autres seigneurs.

« Mêmes obligations du baron envers le comte, du comte envers le baron, du comte envers le Roi, du Roi envers le comte. Et chose admirable, l'effet nécessaire de cette grande combinaison politique, c'est le bonheur de chacun en particulier et de tous en général.

« En effet, le roi étant propriétaire des fiefs des comtes, a intérêt que les comtés soient riches et prospères. Les comtes ont le même intérêt à l'égard des barons, les barons à l'égard des seigneurs, les seigneurs à l'égard des serfs, des tenanciers, c'est-à-dire du peuple.

« Alors le peuple sera bien nourri, bien vêtu ; plus il sera riche, c'est-à-dire plus il sera heureux, plus le seigneur sera lui-même riche et heureux, ainsi en remontant.

« Qui ne voit que dans cette admirable hiérarchie tous les chefs ont les mains liées pour faire le mal, pour détériorer leur fief, et qu'ils ont les mains libres pour faire le bien, pour améliorer leur fief, qui de différentes manières appartient à différents maîtres. »

On ne peut mieux dire. Qu'on se figure par la pensée une sorte de serpent gigantesque se déroulant en plis, replis et nœuds sur toute l'étendue du territoire et dans toutes les directions, la tête fixée à Paris, et ses extrétés aboutissant à la dernière des gentilhommières de France ; à chacun de ses principaux plis, attachez les grandes seigneuries, indépendantes et rivales de l'autorité royale ; aux autres, les seigneuries suivant leur importance, et vous aurez l'idée de cette société dans laquelle la monarchie féodale, partagée et pas encore unie, en est la tête plutôt nominale qu'effective.

La royauté capétienne vint à son heure, c'est-à-dire au moment où il devenait absolument urgent d'opérer la transformation dont l'Europe et la France, en particulier, avaient un si pressant besoin. C'est ici le cas d'admirer l'irrésistible et bienfaisante influence du principe monarchique uni à la religion, sur nos destinées. Elles sont hautes, triomphantes, quand ce principe est respecté et obéi ; elles sont sans gloire et la France décline quand il est avili et sans autorité. C'est la marque distinctive de la période qui va du fils de Charlemagne à Hugues Capet. La royauté n'existe que de nom. Nos rois sont, en quelque sorte, sous la tutelle des empereurs, leurs aînés ; aussi la France est sans vigueur, sans énergie et tout semble désespéré. Mais les traditions vivent encore dans l'âme des guerriers qui ont échappé au fléau de la guerre civile, et d'une partie de la nation. Unanimes sur le but, qui était la restauration de la royauté, ils se mirent à l'œuvre de son rétablissement.

Hugues Capet, habile politique, guerrier déjà illustre, issu de la race héroïque de Robert-le-Fort, devint ainsi le roi vraiment national. Le besoin de sécurité, la fidélité aux traditions, et la haine du Germain, firent tous les frais de son avènement au trône.

Dès ce moment, la confiance revint et les invasions étrangères disparurent. Un écrivain aussi éclairé que M. Taine ne pouvait se tromper sur le rôle prépondérant et salutaire de la Royauté : « Le Roi, dit-il, a été le chef de la défense publique, le libérateur du pays contre les étrangers, contre le Pape au XIVe siècle (1), contre les Anglais au XVe siècle, contre les Espagnols au XVIe siècle. Au dedans, dès le XIIe siècle, le casque en tête et toujours par chemin, il est toujours le grand justicier ; il démolit les tours des brigand féodaux ; il réprime les excès des forts ; il protége les opprimés ; il abolit les guerres privées ; il rétablit l'ordre et la paix, œuvre immense de Louis-le-Gros à saint Louis, de Philippe-le-Bel à Charles VII et à Louis XI, de Henri IV à Louis XIII et à Louis XIV, qui se continue, sans

(1) Il est bien entendu que nous n'acceptons pas sans réserve ce que cet historien avance au sujet du Pape.

interruption, jusqu'au XVIIe siècle, par les édits contre les duels et par les grands jours. »

La Convention nationale, en jetant dérisoirement à la face de Louis XVI le nom de Capet, oubliait qu'elle lui rappelait un de ses plus beaux titres de gloire.

Ce nom symbolise bien, en effet, la résistance et les triomphes de la royauté qui ont amené la réunion des provinces, le rapprochement des peuples, la communauté des lois et la centralisation de l'autorité. En un mot, cette incomparable homogénéité politique et sociale que la révolution est en train de détruire.

Toujours est-il que Hugues Capet rouvre l'ère de l'autorité en France. Ravivant tout ce qui restait de l'organisation carlovingienne, il commence l'assimilation territoriale, que ses successeurs poursuivent avec persévérance. Le XIIe siècle voit l'émancipation des villes et l'affranchissement des hommes ; la vie communale s'affirme de plus en plus et prend une existence légale et régulière sous Louis-le-Gros.

Le XIIe siècle, trop méconnu, a fourni la plus grande carrière, par l'union intime de la foi et de l'opinion publique qui gouvernèrent l'Occident et y formèrent comme une vaste fédération des peuples, vivant sous le regard paternel et respecté du pontificat universel dont les vertus réglèrent l'ordre social européen. Jamais peut-être la foi, la raison, la justice ne furent plus d'accord. C'était l'époque de la conquête de Jérusalem, l'expulsion des Arabes de l'Espagne et des côtes de l'Italie, et où un moment on put croire au rétablissement de l'unité chrétienne. Des villes célèbres, à titre divers, jettent dans ce siècle, et plus tard, un vif éclat dans le monde : Rome, par ses pontifes; Paris, Bologne, par leurs Universités où la jeunesse de toutes les nations venait pour y puiser la plus solide instruction ; Toulouse, enfin, qui fut trop longtemps le foyer et le phare de toutes les erreurs.

Le XIVe siècle est une époque de fluctuation. L'autorité royale a ses alternatives de force et de faiblesse, mais sa stabilité fondée sur l'amour de la nation, dont elle devient de jour en jour l'incarnation, lui fait surmonter tous les dangers. Une entente tacite s'établit entre elles deux. La royauté, à l'intérieur, se sert du peuple contre les attaques des grands feudataires, et le peuple, de son côté, place ses franchises et ses libertés sous sa protection.

L'abolition de la servitude dans les campagnes, au XVIe siècle, agrandit l'ère de régénération et de liberté déjà commencée, pendant que la destruction des gouvernements particuliers, l'abaissement des grands vassaux et la réunion des trois classes de la nation en états généraux, préparent les rapprochements et la fusion des divers éléments qui constituent la société française.

Si Louis-le-Gros, saint Louis, Philippe-le-Bel sont les fondateurs de la Monarchie au point de vue politique, Hugues Capet et Philippe-Auguste en sont les créateurs sous le rapport territorial.

On ne peut disconvenir que les temps féodaux qui se terminent à Philippe-le-Hardi, n'aient été un véritable progrès, dans cette période de combats, d'aventures et de grands coups de lance. La bravoure, le sentiment de l'honneur porté jusqu'à l'enthousiasme, deviennent la règle du caractère national.

La nation qui s'était acheminée vers la liberté, entre dans la voie encore obscure de l'égalité, et la Monarchie unie, concentrée, se substitue d'une manière définitive à la Monarchie partagée et fractionnée.

La France, à l'ombre tutélaire du principe monarchique, comme le trop plein d'un vase dont le liquide se répand au loin pour prendre son niveau, s'étend, se développe.

A voir la sûreté avec laquelle la Royauté procède, n'importe que son chef se nomme Henri IV ou Louis XV, on peut affirmer que, sans la révolution, la France serait aujourd'hui en possession de ses limites naturelles.

Quoi qu'il en soit, le pays offre l'aspect le plus varié et le plus stable, tant sous le rapport de sa structure territoriale qu'au point de vue moral, politique et social.

Son organisation territoriale fut, en effet, une agglomération de provinces juxtaposées, soumises au même souverain, et régies par des institutions, des coutumes diverses, résultant des priviléges imposés à la couronne par des arrangements survenus entre celle-ci et les provinces. Par leurs états, leurs droits coutumiers et leur bourgeoisie, les provinces de France offraient l'aspect d'une vaste confédération dans laquelle elles se mouvaient avec des libertés très souvent étendues.

Dans l'ordre de l'importance territoriale, les provinces connues sous le nom de généralités et d'Etats, possédaient la vie la plus libre et la plus indépendante; les autres, appelées pays d'élection, ayant été purement et simplement annexées, et sans garanties suffisantes contre les empiètements de la couronne, se virent peu à peu dépouillées de leurs priviléges, et Richelieu, le premier, leur imposa un régime arbitraire.

Les grandes généralités comprenaient l'Artois, la Bourgogne, la Bretagne, la Flandre, le Languedoc et la Provence. Tous ces États se subdivisaient en délégations désignées sous le nom de sénéchaussées, prévôtés, vigueries, élections, et suivaient la jurisprudence qui prévalait dans la province.

Dans l'ordre de l'Eglise, qui comprenait huit archevêchés ou provinces ecclésiastiques, et 121 évêchés, elles s'appelaient : archevêchés, évêchés, diocèses, subdivisés en doyennés, paroisses.

Dans l'ordre judiciaire, qui comprenait treize parlements et quatre conseils, soumis au midi de la Loire au droit écrit romain, et au nord au droit coutumier ou coutumes provinciales et locales, les délégations étaient connues sous le nom de sénéchaussées, prévôtés, vigueries, baillages.

Dans l'ordre des finances, où par exception la

juridiction était partout la même, il y avait neuf chambres des comptes et cinq cours d'aides. Les délégations s'appelaient : élections, diocèses, réceps, offices.

L'administration de la France était confiée à des intendants et à leurs délégués. Ils eurent pour mission de détruire ce qui restait encore des prétentions et des résistances féodales, au profit de l'unité et de la centralisation. Leur pouvoir variait selon le pays qu'ils étaient chargés d'administrer.

Dans les pays d'élection, leurs attributions étaient grandes, assez semblables à celles des préfets du premier empire. Ils avaient une autorité plus absolue encore, mais bien moins définie. Ils levaient les impôts sans contrôle, laissant à leurs délégués le soin d'en faire la répartition entre les communes.

Dans les grandes généralités et les treize pays d'Etat, les intendants, au contraire, se bornaient à donner un concours très limité aux conseils de province et des Etats; ils étaient de simples délégués de l'autorité royale, dont les attributions ne dépassaient pas les matières de police et de haute administration qui se rapportaient aux intérêts généraux du pays. Ils n'intervenaient pas dans les rôles et les perceptions de l'impôt.

L'administration se trouvait entre les mains des conseils permanents élus par des assemblées.

Les assemblées ou conseils provinciaux se composaient des évêques, des notables, pris parmi les nobles, les bourgeois et les paysans. Ces assemblées se réunissaient en général tous les deux ans, et, leur session terminée, elles nommaient un conseil dont les fonctions étaient permanentes. Les membres de ces conseils étaient choisis de façon à ce que les divisions territoriales fussent représentées. Les conseils communaux s'administraient et répartissaient, à l'instar des autres, l'impôt entre les contribuables.

Les assemblées géraient toutes les affaires communes, elles présidaient à la confection du cadastre, aux règlements de police, aux encouragements des arts et de l'industrie, fondaient et entretenaient les colléges, les hôpitaux, les églises et tous les établissements d'utilité publique.

Continuateur de Richelieu, Colbert complète le corps de l'administration, qui se substitue aux pouvoirs locaux, partout où la résistance n'est pas suffisante; Les grandes généralités seules maintiennent leur indépendance.

D'après le principe constitutif de la société française, les cités, communautés, étaient des associations distinctes de l'Etat, formées des propriétaires fonciers, sans distinction des trois ordres, aptes à discuter, sous le nom de conseils, les intérêts qui relevaient de la terre, et s'administrant eux-mêmes. La propriété était l'élément essentiel dans l'organisation communale; elle seule donnait valeur à l'homme, et fut un des caractères distinctifs de l'ancienne société.

Le temps, les mœurs, les lieux exercèrent bien leur influence sur les éléments essentiels de l'organisation communale, mais en principe, le vote et l'assiduité étaient d'obligation, sous peine d'amende. Le chef de famille électeur, non-seulement était tenu de voter, mais aussi d'exercer le pouvoir si la confiance de ses concitoyens l'y portait. Toutes les magistratures étaient soumises à l'élection dans les villages, bourgs, villes, corporations, colléges, universités. La décentralisation remplaçait la centralisation d'aujourd'hui, en sorte que l'action de la famille, de l'individu, dégagée de l'action absorbante et oppressive de l'autorité extérieure, s'exerçait au grand profit de leur indépendance et d'une initiative pleine de résultats. Mais à côté de cette action étendue, il y avait, comme modérateur, une responsabilité égale surtout, dans certains pays. Avant d'entrer en fonctions, les magistrats fournissaient des cautions ou des répondants pour garantir les intérêts communs contre les négligences ou les malversations. Ces derniers se nommaient jurats, consuls, prévôts, capitouls, syndics et viguiers, selon les provinces. Ils étaient pris indistinctement parmi tous les citoyens, pourvu que la réputation, les mœurs du candidat fussent à l'abri de tout soupçon.

La noblesse, le barreau, l'artisan, le laboureur briguaient l'honneur des fonctions municipales, qui, en général, étaient temporaires, de façon à ce que le plus grand nombre pût y participer ; et grâce au sentiment hiérarchique, il ne venait à l'idée de personne d'en troubler l'harmonie. En 1774, le parlement de Provence, dit l'honorable M. de Ribbe, écrivait au roi que « chaque communauté, parmi nous, est une famille qui se gouverne elle-même, qui s'impose des lois, qui veille à ses intérêts. L'officier municipal en est le père. » Aussi avec quelle déférence étaient traités les conseillers municipaux, quelle que fût la médiocrité de leur position sociale. « C'est une belle chose, disait Racine, de voir « le compère Cardeur et le menuisier Gaillard, avec la « robe rouge comme un président, donner des ordres « et aller les premiers à l'offrande ; vous ne voyez pas « cela à Paris. »

Avec de semblables mœurs, cette société si tranchée en principe, mais si mêlée en pratique, trouvait tout naturel que le plus humble de la commune siégeât à côté des hommes les plus considérables et devînt leur supérieur. Ce trait caractéristique des bons rapports entre citoyens existe encore dans les pays à tradition.

C'est ainsi que la vie publique se manifestait sous toutes les formes. Le citoyen était satisfait de son importance locale, et il affectionnait son clocher et la province dont il était fier de porter le nom. Occupé du soin de ses affaires et de celles des autres, il n'avait aucune envie de vivre ailleurs, où il savait que l'obscurité l'attendait.

La coutume, comme on le voit, réglait les libertés locales aussi bien que les libertés domestiques, dont elles étaient l'expression agrandie. Le pays avait ainsi l'aspect d'une grande famille qu'une solidarité de charges et d'avantages unissaient, ayant intérêt à la prospérité de chacun, qui n'est autre chose que la prospérité de tous.

Rien n'était plus propre que des mœurs semblables à former des hommes utiles et de caractère. Quoique l'émancipation fastueuse et fausse de l'homme n'eût pas encore été proclamée, la personnalité éminente trouvait toujours l'emploi de ses facultés, en bas comme en haut de l'échelle sociale. Il n'était pas rare de rencontrer dans la vie privée des hommes d'une action et d'une initiative inconnues de nos jours. Sur mille exemples, qu'il nous soit permis de citer celui du chevalier Roze, d'autant plus remarquable qu'il s'est produit au moment où la société offrait déjà les caractères de la décadence. Nous le trouvons dans sa vie, écrite récemment par le savant docteur Bertulus, de Marseille.

Le chevalier Roze, l'illustre émule de Monseigneur de Belsunce, le Saint-Vincent-de-Paul laïque, comme l'appelle son historien, appartenait à une famille d'armateurs de Marseille qui, depuis un temps immémorial, jouissait dans cette ville de la plus légitime considération. Lui-même avait vu augmenter par sa sagesse autant que par son habileté, sa fortune et ses relations commerciales avec l'Espagne, quand la guerre de la succession éclata. Roze se trouvait à Alicante lors du siége de cette ville par les troupes de l'archiduc. N'écoutant que son patriotisme et sa fidélité à la famille de nos rois, il quitte son négoce, lève à ses frais deux compagnies et concourt à la levée du siége de cette ville. De là il va rejoindre le duc de Berwick à Almanza et assiste à la bataille qui assura le trône d'Espagne à Philippe V.

La guerre terminée, il reprend son commerce, est nommé syndic de Marseille, où il déploie l'héroïsme de la charité dans la terrible peste de 1720. Ce n'est pas sans la rougeur au front que nous avons été sur le point d'être spectateur des outrages que la démocratie avancée de Marseille réservait à ces deux héros chrétiens, auxquels l'antiquité païenne eût élevé des autels.

Plus on étudie cette société et plus on est porté à admirer la sagesse et la clairvoyance qui ont présidés à toutes les circonstances, à toutes les manifestations de sa vie. Rien n'est indifférent à ses yeux quand il s'agit de préparer l'enfance et la jeunesse à la virilité. Aux principes et aux exemples on y joint, pour former et fortifier le cœur, des maximes, sentences brèves et saisissantes qui, gravées sur le seuil de la porte d'entrée d'une maison ou dans l'intérieur, ou au coin des rues, puissent se lire facilement et facilement se conserver dans la mémoire.

On y lisait entre autres :

« Les pères et mères doivent deux choses à leurs enfants : les bien endoctriner et nourrir honestement ; avec cela, s'ils peuvent leur laisser quelque chose, à la bonne heure ; sinon, avec une bonne instruction et nourriture que les enfants ayent, ils ont assez. »

— « Tout enfant qui se fie au bien des parents ne mérite pas de vivre. »

— « Nul ne peut jamais bien savoir comment il faut vivre qui ne sçait pastir. »

— « C'est une source de malheurs que de se reposer sur le bien de ses parents. Les enfants qui y placent leurs espérances ne prennent pas d'état ou négligent celui qu'ils ont embrassé. »

Dans la plupart des actes solennels de la vie privée, testaments et autres, le fond, sinon la forme de ces sentences, peut se résumer par cette maxime particulière devenue générale: « Tous mes ancêtres ont travaillé pour je ne sais combien à acquérir les terres. Je ne détruirai pas leur ouvrage, en prescrivant de servir Dieu, d'aymer le roi, d'entourer les parents du plus grand respect, de rendre à chascun ce qui lui est dû, de s'aymer, de s'entretenir et de s'assister mutuellement. » Nous doutons que les jeunes gens d'aujourd'hui, tout imprégnés de sensualisme et qui se considèrent comme les créanciers de leurs parents, s'accommodassent de cette éducation. Les parents eux-mêmes, qui se posent devant eux comme des pères constitutionnels,— le mot n'est pas de nous, — n'en feraient pas plus de cas, malgré les fréquentes et tristes expériences dont ils sont ou les victimes ou les spectateurs.

CHAPITRE II.

L'ANCIEN RÉGIME.

Cet aperçu sommaire de l'organisation de l'ancienne France, avant, pendant et après le ministère de Richelieu, fait regretter que les éminentes qualités de ce grand homme aient été employées à détruire les lois constitutionnelles du pays, à annihiler les autorités intermédiaires et à placer le trône sur le sommet d'une pyramide pleine de grandeur, mais mal équilibrée sur ses fondements. Il était digne de son génie d'asseoir ce même trône sur nos vieilles institutions, et de contenir et de régulariser, en le faisant participer aux affaires du pays, le corps généreux de la noblesse.

La mission de Richelieu consistait sans doute à faire disparaître les derniers vestiges de la féodalité, mais ses tendances autoritaires égarèrent cet esprit si ferme. Au lieu de chercher à diminuer l'influence de plus en plus considérable de la ville de Paris, en la déplaçant comme voulait le faire le sage et clairvoyant Sully, il concentra tout en elle.

C'est à lui qu'incombe la responsabilité de cette forme de gouvernement appelé l'ancien régime, que l'on confond mal à propos avec le régime antérieur. L'ancien régime, en effet, n'est autre chose que la prépondérance outrée de la bureaucratie et de la ville de Paris. Ce système exclusivement centralisateur, dont on peut admirer la forme et l'organisation, mais dont il fallait tempérer par la liberté l'esprit absolu et tout d'une pièce, exige des vertus surhumaines, tient une nation dans une perpétuelle minorité et suppose l'identité morale. Erreur manifeste en ce qui concerne la France, où vivent des races diverses inégalement réparties sous le rapport des caractères et des lumières.

S'il est vrai que Richelieu fut le créateur du gouvernement autoritaire, Louis XIV lui donna le développement et cette magnificence que rien dans l'antiquité et les temps modernes n'a pu égaler. Il semble qu'ils étaient faits l'un pour l'autre, tant ils s'identifiaient. Au comble de la grandeur et de la prospérité, espèce de demi-dieu pendant plus d'un demi-siècle, il fut ébloui par sa propre gloire. Il attira tout à lui et, au lieu de laisser à la noblesse son rôle d'utilité, il en fit l'ornement de sa personne. La noblesse, en s'établissant à Versailles et à Paris d'une manière fixe, perdit ses traditions et ses mœurs, et partant le respect et la considération des populations agricoles.

Cet état de choses, les guerres sanglantes de la succession, la misère publique qui en fut la conséquence, l'engouement de la jeunesse pour les doctrines philosophiques aggravèrent la situation générale du pays et la rendirent intolérable. Mme de Maintenon avait jeté le cri d'alarme : « On manque à tous les devoirs par maxime, c'est la grande corruption du siècle. » Vauban, Fénelon,

Beauvilliers se firent les interprètes éloquents des plaintes trop légitimes de la nation. Sous le régent et Louis XV, la dissolution de la pensée et des mœurs fut à son comble. Voltaire et Rousseau, dont les deux influences se partagèrent le dix-huitième siècle, accélérèrent la décadence de ce régime. Ses grands débris furent recueillis par Louis XVI, qui les prit à titre d'héritage, sans le bénéfice de l'inventaire.

Quoi qu'il en soit, la société française qui n'était gâtée qu'à la surface, avait conservé ses traditions nationales et vécu toujours corporée, groupée. Les associations, corporations, confréries, couvraient le sol de la France. Plus nombreuses et non moins réglées que celles d'Angleterre et d'Amérique, elles durent leur origine à la fraternité chrétienne, et ce fut la charité, d'accord avec le besoin de se protéger, qui les perpétua (1).

Saint Louis en fut le grand inspirateur et législateur. Unis par l'association, qui assurait la sanction matérielle de leurs droits, les ouvriers étaient plus protégés qu'aujourd'hui. Constitués en une espèce d'autonomie, ils géraient leurs métiers et participaient au gouvernement de leurs corporations. « Le peuple, dit l'historien Capefigue, vivait corporé sous les bannières, avec le droit au travail, au secours, avec le respect pour la religion et la famille. » Forts de leurs droits, les ouvriers

(1) Plus que jamais les associations, groupes, formés à l'ombre des vrais principes, sont devenus nécessaires pour résister à l'influence désorganisatrice de la démocratie républicaine.

eussent opposé une barrière insurmontable aux exigences impitoyables et toujours croissantes de la production et de la concurrence, qui atteignent jusqu'à l'existence le malheureux travailleur qu'elles épuisent. Ils n'eussent pas toléré les embrigadements de femmes et d'enfants qui, en flétrissant la vie à son origine, produisent ces hommes dont la vue nous attriste si justement.

Une nation où tout concourait à son développement ne pouvait manquer d'avoir tous les éléments nécessaires à l'enseignement public.

La France fut en effet, durant des siècles, la grande institutrice de l'Europe. Outre l'université de Paris, illustrée par saint Thomas d'Aquin, saint Bonaventure, Albert-le-Grand et tant d'autres esprits éminents, nos universités provinciales furent fréquentées aussi bien par les étrangers que par les Français. L'histoire nous raconte l'admiration qu'éprouvèrent les ambassadeurs de Venise, alors au comble de la gloire, en voyant leur merveilleux fonctionnement.

L'instruction, quoi qu'en disent des écrivains aussi peu consciencieux que Français, fut générale, et elle était haute et virile, parce qu'elle fut profondément religieuse. Elle fut la préoccupation constante de la royauté et du clergé.

Sachant combien il est difficile de trouver des hommes aptes à l'enseignement et que l'adage : « Tant vaut l'homme, tant vaut la chose, » est surtout vrai en cette matière, ils voulurent qu'elle fût répandue avec discernement. En s'adressant à l'instruction du peuple, ils entendent que les enfants doivent apprendre à craindre et à louer Dieu, et « à être instruits dans la lecture, l'écriture, le calcul et principalement dans les bonnes mœurs. » Quelle sagesse et quel avenir de grandeur dans la pratique de ces quelques mots, et combien nos présomptueuses générations sont loin de celles qui cueillaient et goûtaient les fruits de cet arbre de vie !

Henri IV, qui songeait à tout, veut « qu'on apprenne aux enfants, avec la science, le culte religieux et sincère que Dieu exige d'eux, l'attachement qu'ils doivent à leurs pères et mères et à leur patrie. »

Les évêques, les curés intervenaient d'une manière spéciale, constante, dans la diffusion de l'enseignement populaire. « Préférez, disaient les évêques à leurs curés, l'aumône pour avoir un maître d'école dans les lieux où il n'y en a pas, à cause de la pauvreté des habitants, à celles qui ne sont pas si nécessaires et si pressantes. » M. de Ribbe, dont l'autorité est grande, constate que la France ancienne était couverte d'écoles, créées par cet esprit de zèle et soutenues par d'innombrables fondations testamentaires, lorsque la révolution vint mettre tout à néant.

Richelieu lui-même voulait cette diffusion ; mais avec l'esprit pratique qui le distinguait, il la voulait contenue et proportionnée aux occupations et à l'intelligence des individus. Il pensait que le commerce des lettres, exagéré, « remplirait la France de chicaneurs, plus propres à ruiner les familles et à troubler le repos public qu'à procurer aucun bien-être aux États. A ce sujet, lord Cairns, garde des sceaux d'Angleterre, qui vient d'amuser son pays à nos dépens, nous persiffle sur nos principes de 89 et de 93, sur la folie de nos assemblées qui donnent le droit au gouvernement de se substituer aux pères de familles et d'enseigner à l'enfance, selon les caprices changeants du législateur : l'histoire, la morale, la politique, et jusqu'aux principes qui touchent à la question religieuse. Le garde des sceaux anglais tiendrait un autre langage s'il avait à se prononcer sur l'enseignement antérieur à 89 et sur le pays qui le donnait.

Il est constant que lorsque la révolution condamna à mort ou exila les ordres enseignants, il y avait en France 65,000 écoles et 21 universités répandues sur toute l'étendue du territoire.

On comprend qu'une éducation aussi saine que virile, aussi conforme à la raison qu'à l'expérience, devait donner à l'individu un besoin d'expansion qui ne pouvait être uniquement limité à nos frontières. Aussi le Français d'autrefois fut-il un grand colonisateur, témoin les deux tiers de l'Amérique du Nord et une partie considérable de l'Inde, qui furent soumises à ses lois, et quand on songe que le Canada français, qui a conservé nos anciennes traditions, prospère à un tel point qu'il menace d'absorber la race anglaise. Le souvenir de la France s'est perpétué dans ces diverses contrées et dans l'Inde anglaise. Le gouverneur, lord Dalousie, ne pouvait dissimuler au comte de Waren, son aide de camp, son mécontentement ainsi que l'admiration qu'il éprouvait dans la constance de ce sentiment des indigènes pour notre pays. « Nous sommes détestés, disait-il, et partout le souvenir de la France est vif et profond. »

Cependant un ministre de la république n'a pas craint d'affirmer à une assemblée française que notre nation n'était pas colonisatrice. C'est en proclamant ces prétendues vérités qu'on contribue à les faire passer pour des axiomes qui ne peuvent qu'exercer une fâcheuse influence sur notre caractère. Le Français de la révolution n'est pas, il est vrai, colonisateur. Comment le serait-il, engourdi qu'il est par le code civil et sa dépendance en face d'un gouvernement absorbant? Mais c'est absolument faux, nous venons de le voir, pour le Français de la monarchie.

Toujours est-il qu'il est temps de se rendre justice. Si nous sommes supérieurs à nos pères, sous le rapport matériel, nous leur sommes, au point de vue moral, politique et social, fort inférieurs. La haute civilisation nous manque, c'est à dire les traditions de foi, de respect et d'indépendance de caractère qui firent leur grandeur.

En résumé, l'ancienne société française, qui reposait sur les fondations les plus respectables comme les plus naturelles, qui vivait de ses glorieuses traditions, devait posséder, en dépit de nombreuses imperfections inhérentes aux temps et aux mœurs, un patriotisme à la hauteur de son cœur. Il se manifeste en effet de la manière la plus éclatante à chaque page de notre histoire. Une ville était-elle attaquée, une province envahie, aussitôt nobles, bourgeois, paysans courent aux armes, incendient au besoin leurs champs pour arrêter la marche de l'ennemi. L'invasion de Charles-Quint est un monument de patriotisme français. Calais, Rouen, Beauvais, Mézières, Metz et Melun, offrent les plus beaux exemples à imiter. Un double patriotisme : patriotisme de province qui s'identifia dans un patriotisme commun, dont la France fut l'expression générale, exaltait les âmes dans les circonstances solennelles. La fortune ne seconda pas toujours la valeur de nos pères ; s'ils furent quelquefois vaincus, jamais ils ne subirent l'humiliation de la conquête. Quand, à deux époques fameuses de guerre civile et étrangère, tout sembla à un moment perdu, tout fut sauvé par le principe monarchique traditionnel. La nationalité commune fut reconquise pied à pied, de sillons en sillons, par la nationalité provinciale. Rien n'est plus inconnu, mais rien n'est plus beau que cette lutte d'un siècle de la France non encore unie, mais partagée, qui, sans armées organisées, accablée par tous les fléaux, avec une royauté en défaillance, mais qui, vivante et invincible, par la force de ses vertus héréditaires, ne désespéra jamais et mérita si bien de triompher. Les temps modernes nous ont offert des exemples bien différents, sur lesquels nous ne voulons pas insister.

Nous sommes en 89, la transformation que tout le monde désire est imminente et rendue facile par le concours de tous les bons citoyens. Le roi, comme autrefois, est à la tête de ce mouvement national. Les édits de 1778 et 1779 concernant les assemblées provinciales, en sont la preuve éclatante. Il a rendu aux protestants tous leurs droits, la liberté individuelle est assurée, la liberté de réunion tolérée, et il fait prévaloir le système d'élection dans lequel l'introduction du nombre double dans les assemblées du tiers-état, inaugure l'ère de l'égalité. Plusieurs provinces font l'essai heureux de cette nouvelle organisation, et à l'exception de la Franche-Comté et de la Bretagne, la situation de toutes les généralités était régulière, libérale, appropriée à l'époque. Un avenir de progrès et de liberté semblait s'ouvrir pour ces générations ardentes, mais non encore corrompues, qui aimaient le roi et avaient confiance en lui. Malheureusement le grand mouvement national fut dénaturé à son origine par les passions démagogiques de la Constituante et de la Convention qui, grâce à nos divisions et à notre inexpérience gouvernementale, le firent tourner à leur profit.

Il nous reste à traiter, de la France ancienne, la question si délicate de sa noblesse. Sujet d'admiration pour les uns et de contradiction et de préventions incurables pour les autres, elle est encore aujourd'hui, en dépit de la perte de son influence et de son annulation politique, la pierre d'achoppement entre la royauté et la nation. C'est absurde, sans doute, mais c'est un fait incontestable dont il est absolument nécessaire de tenir compte. Au risque de nuire à l'ordre et à la méthode, nous lui avons réservé dans notre travail une place spéciale, afin d'attirer plus particulièrement sur elle l'attention du lecteur. Notre but, qu'on le sache bien, n'est pas de faire son apologie, mais uniquement d'arriver, par l'exposé consciencieux des faits, à dissiper des esprits prévenus, les préventions qui, en les égarant, retardent la réconciliation des cœurs partout où elle est possible. En un mot, nous avons sacrifié l'art à l'utile.

Quant à notre manière d'opérer, elle est simple : elle consiste à réfuter, au fur et à mesure qu'elles se présentent à notre pensée, les imputations erronées que l'on formule contre elle. Nous aurons occasion de parler des deux classes de la grande bourgeoisie et du paysan, dont les destinées furent si longtemps liées à celles de la noblesse.

Les griefs formulés sont :

La noblesse n'était pas ouverte, mais plutôt fermée. Ses priviléges furent abusifs et sans raison d'être. Elle fut tyrannique, ignorante, oisive. Son émigration en 92 fut un crime national.

DEUXIÈME PARTIE

LA NOBLESSE

CHAPITRE III.

LA NOBLESSE FRANÇAISE

ELLE FUT OUVERTE A TOUS LES MÉRITES.

SES MŒURS.

Tous les nobles de France furent égaux en principe, mais cette égalité n'affaiblissait en rien les hiérarchies naturelles fondées sur la naissance, la fortune et les services rendus au pays (1).

La noblesse française, par sa constitution, ses habi-

(1) La noblesse provenait :

1° De la noblesse de race ou de parage (féodale) ;

2° De la noblesse de coutume (droit coutumier);

3° De la noblesse conférée pour services rendus à l'État ;

4° De la noblesse d'office ou de robe, appelée ainsi par opposition à la noblesse de race, venant de la possession de certains offices de judicature ;

5° De la noblesse de cloche, accordée aux maires, échevins ;

6° De la noblesse de finance.

(Dictionnaire de la Noblesse).

tudes et ses mœurs était ouverte, contrairement à l'opinion reçue, à toutes les conditions sociales, à tous les mérites. Mais, si elle fut accessible à tous, elle le fut particulièrement par le droit coutumier, fondé sur l'axiome universellement reconnu « qu'elle s'acquerrait par cent ans de possession, comme elle se perdait par cent ans d'omission, » à la race intermédiaire ou grande bourgeoisie, ayant pignon sur rue quelquefois, et toujours une terre sur laquelle elle vivait de temps immémorial, avec honneur.

L'homme de race intermédiaire s'élevait sans effort, par l'assimilation, jusqu'à la race supérieure, qui était l'objet de sa légitime ambition. La noblesse de robe, d'anoblissement et de cloche sortait généralement de la race intermédiaire qui recevait, comme appoint, dans ce recrutement aussi honorable que naturel, la partie de la noblesse déclassée. Les familles qui tombaient en dérogation, en effet, et le nombre en fut considérable (1), perdaient leurs priviléges. Pour les ravoir elles s'adressaient au roi, qui accordait ou refusait une seconde investiture; ou bien se bornaient,

(1) Des écrivains consciencieux, dans la plupart de nos provinces, ont fait paraître des armoriaux qui ont eu l'approbation des hommes compétents en cette matière. Le comte de Froidefond, entre autres, auteur de celui du Périgord, s'y montre aussi scrupuleux qu'indépendant et nous ne pouvons que joindre nos regrets aux siens quand il déclare avec autant de modestie que de loyauté, qu'il ne s'est pas cru assez autorisé pour admettre dans son armorial, des familles dont les preuves morales étaient sans doutes suffisantes, mais dont les preuves matérielles laissaient à désirer.

conformément au droit coutumier, à vivre noblement pendant un certain laps de temps (1).

L'opinion, en France, avait trop le sentiment des devoirs que la noblesse avait à accomplir, pour ne pas prêter son appui à son développement. Placée au centre de l'Europe, la France est comme enveloppée par un cercle formé de peuples puissants, courageux, et non satisfaits, que l'histoire nous montre durant des siècles, ligués ensemble contre elle. Attaquée au midi, au nord, à l'est et à l'ouest, que d'efforts héroïques ne s'est-elle pas imposée et combien elle dut apprécier la passion guerrière de la noblesse chargée de sa défense !

Tout concourrait, les mœurs, l'intérêt général, à élargir la voie où devait se recruter la noblesse, la source à laquelle elle allait puiser les éléments de rajeunissement, de force et de durée dont elle avait un si pressant besoin.

(1) Les frais de toutes sortes qu'entraînait le service militaire, qui était obligatoire pour la noblesse, sa grande fécondité, le partage des biens, les revers imprévus, produisirent des déclassements nombreux dans ses rangs. Il en résulta cette particularité bizarre que la noblesse se recruta également, dans une certaine proportion, dans son propre sein. Les familles tombées qui trouvaient l'occasion de se relever, recevaient une nouvelle investiture, soit par lettres, soit par le droit coutumier. Une famille de vieille noblesse peut ainsi passer pour une famille anoblie de fraîche date.

Le marquis de Bouillé, sous Louis XVI, prétend que les familles de la vieille aristocratie étaient, sauf quelques centaines, à peu près ruinées. Il estime, avec M. Lavoisier, à 80,000 le chiffre des familles nobles en France. Ce nombre n'est peut-être pas exagéré, s'ils ont tenu compte des familles déchues que l'on trouve en nombre, surtout en Bretagne, Guienne et Gascogne.

La noblesse en général n'était pas opulente, mais comme le luxe et la mollesse lui étaient inconnus, son aisance était grande et lui permettait d'entretenir un nombreux personnel qui dépendait d'elle et qui se proportionnait à l'importance de la terre. On voyait bien çà et là des habitations de grande apparence, mais en dehors de ces exceptions, la masse de la noblesse résidait dans des manoirs, castels, gentilhommières, maisons nobles, dans lesquels on ne s'inquiétait guère ni d'élégance, ni de comfort. Comme chacun se contentait de peu, que le corps était toujours en activité et que la stabilité devenait la loi commune, l'esprit fait à ces habitudes, ignorait la curiosité aussi bien que l'ennui.

La famille du seigneur et ses serviteurs, dans beaucoup de contrées, faisaient leurs repas ensemble, dans une vaste pièce où brûlait un foyer et où s'accomplissaient la plupart des actes journaliers de la vie commune, y compris la prière, qui en était le commencement et la conclusion obligée. Cette vie de solidarité mutuelle ne se retrouve plus de nos jours, où, au lieu de serviteurs, on n'a que des salariés qui supportent avec une impatience non déguisée, leur dépendance.

Le noble présidait en père, dans ses terres, aux phases essentielles de l'existence de ses fermiers et de ses métayers ou mégers. Il assistait à leur baptême et à leur mort. Etaient-ils malades, la famille du seigneur s'y transportait et fournissait tout le nécessaire. Dans les mauvaises années, il faisait, la plupart du temps, remise du loyer ou d'une partie de la récolte au fermier atteint;

il lui avancait des grains ou même de l'argent. Les dimanches, les villageois avaient l'habitude de venir danser et jouer dans la cour du château.

Chose touchante, dans le grand nombre de ces résidences, on sonnait à midi le couvert des pauvres, et bien entendu, la table était toujours occupée. Nous nous rappelons avoir été témoin de cet antique usage, conservé de nos jours dans quelques familles.

Les documents que l'on possède sur les mœurs de cette époque, constatent que la paix et l'harmonie se maintenaient au sein même des plus vives discussions d'intérêt entre le noble et le paysan, tant cette vie commune et restreinte exerçait d'empire sur les caractères. De là, ces traditions qui rappelaient sans cesse, aux uns, les faits glorieux de leurs ancêtres; aux autres, leur dévouement et leur fidélité héréditaires. L'histoire du foyer, connue de tous, s'imposait à tous et on n'avait garde d'en ternir une page.

M. Thiers, en parlant de la guerre de la Vendée et de la Bretagne, dit avec sa haute autorité que « la Révolution, loin de produire une réforme utile, y blessa les plus douces habitudes et y fut reçue comme une persécution. »

Jusqu'au XIIIe siècle, la masse de la noblesse habituée à une vie essentiellement rurale, se faisait remarquer par sa grande hospitalité. Sully disait en parlant de ses hôtes : « S'ils sont sages, ils trouveront chez moi suffisamment; s'ils sont fous, ils n'y reviendront pas. »

C'est de ces résidences que sont sorties ces fourmilières de guerriers et de héros qui ont porté si haut et si loin la renommée de la France. Les provinces de Guienne et de Gascogne se distinguèrent par le nombre de leurs chevaliers et écuyers : tous « gens de guerre, » disait Montluc (1).

L'histoire de France, écrit M. de Ribbe, est, d'un bout à l'autre, une incomparable épopée militaire dont les héros de tout rang et de toutes classes, sortent des familles essentiellement stables et dont les souches reverdissaient sans cesse. La noblesse rurale fournissait d'inépuisables ressources qu'alimentaient les familles de la haute bourgeoisie, espèces de dynasties bourgeoises mettant leur honneur à s'anoblir sur les champs de bataille.

C'est ainsi que la race intermédiaire qui vivait côte à côte de la noblesse, s'imprégnait de son esprit chevaleresque, tout en réagissant sur elle à son tour, par son existence sérieuse et laborieuse. Des deux parts on ne marchandait jamais ni son sang ni sa fortune, quand les besoins de la défense nationale l'exigeaient.

C'est à cause de cette confraternité militaire et sociale que l'on s'explique comment la noblesse a pu supporter l'effrayante consommation qui s'est faite d'elle, à certaines époques de notre histoire.

En dépit de cette consommation, la noblesse a eu des

(1) La duchesse de Bouillon prétendait que « s'ils sentaient l'ail, ils n'en étaient pas moins bons et vaillants. »

moments d'un épanouissement extraordinaire, et notamment au XIVe siècle, avant les querelles des d'Armagnacs et des Bourguignons, qui engendrèrent les invasions anglaises et l'anarchie sociale. La noblesse, répandue dans les campagnes, dit du Vair, « comme elle estait pleine de gloire, la jeunesse estait nourrie aux armes avec des règles d'honneur si sévères que rien plus, la force de leur âge estait employée ou à la guerre au service du prince et du pays, ou à la paix en exercices généreux. La vieillesse conduisait les familles, leur enseignait les lois d'honneur. »

CHAPITRE IV.

LES PRIVILÉGES DE LA NOBLESSE ET LE DROIT D'AINESSE.

S'il existe un axiome universellement accepté, c'est bien celui-ci : service rendu ou sollicité oblige. Loi d'instinct, de conservation, d'équité, elle est l'honneur de l'homme dans le sentiment qui l'inspire et adoucit les degrés, qui seraient si hauts, qui le séparent de son semblable. En établissant entre le grand et le petit, entre la supériorité et la faiblesse de l'intelligence, de la force et du courage, des ménagements, des obligations réciproques, elle rapproche les distances et les unit jusqu'à un certain point par l'intérêt commun.

Notre société démocratique est pleine de privilégiés qui sont loin d'avoir gagné leurs titres à force de bienfaits. Mais il n'en a pas été ainsi pour la noblesse. Ses priviléges (1), que la malveillance lui reproche d'avoir usurpés, furent le prix de son dévouement, de sa valeur

(1) Impossible de réfuter plus victorieusement que ne l'a fait M. Veuillot l'existence de certains droits honteux qu'on met à l'acquit de la noblesse.

et de son sang si largement versé. Ils lui furent donnés au cri de détresse d'une société aux abois. *Caveant consules !* Tous les nobles répondirent à son appel et la France fut sauvée.

Après la mort de Charlemagne et le grand déchirement des peuples qui en fut la suite, la nation française qui venait de perdre dans les guerres civiles la plupart de ses guerriers, se trouva dans l'impuissance de résister aux invasions périodiques des étrangers et des bandes d'aventuriers qui portaient le fer et le feu dans toutes les provinces. Les populations éplorées demandaient à grands cris un sauveur, que la royauté, momentanément effacée, ne pouvait leur procurer. C'est alors qu'apparut le système féodal dont nous avons fait connaître la structure. Les grands propriétaires, c'est-à-dire les ducs, comtes, hauts barons, les seigneurs d'un ordre inférieur, les bourgeois et les paysans, sous l'influence de l'intérêt de la conservation qui prévalait partout, s'empressèrent de former une espèce de ligue qui n'était autre chose qu'une association ou vassalité, dans laquelle ils stipulèrent, d'un commun accord, des engagements pour la défense commune. Les puissants et les forts promirent leur appui aux faibles et aux opprimés qui, en échange, leur concédèrent des redevances généralement en nature. Dès ce moment, des milliers de châteaux-forts, des maisons aux murailles épaisses s'élevèrent sur toute l'étendue du territoire. Les ducs, comtes, etc., derrière leurs hautes tours, se firent indépendants ; les autres cherchèrent à les imiter, ce qui n'empêcha aucun des intéressés à remplir avec fidélité les diverses obligations qu'ils s'étaient imposées. De ces résidences sortirent des guerriers armés, nourris des traditions de la chevalerie carlovingienne dont ils perfectionnèrent l'organisation.

En résumé, les seigneurs, dans ces contrats, ont la double tâche de défendre le pays contre l'étranger et de donner aide et protection aux populations sans défense, c'est-à-dire à tous. En échange de ces avantages, ces dernières contractent envers eux des obligations; en sorte qu'en les concédant, la nation ne fait qu'appliquer l'axiome : donnant, donnant. Qui peut douter un instant que le contrat ne fut de beaucoup plus favorable au peuple, qui fut dispensé, sauf à certaines époques périlleuses de notre histoire, de la dure nécessité d'être toujours armé, toujours sur le qui-vive, dans l'intérêt de la défense ou de l'offensive nationale.

La fidélité aux engagements et l'intérêt que la royauté portait aux populations rurales, firent que l'impôt du sang pesa trop lourdement sur la noblesse et pas assez sur le peuple (1). La France, en maintes occasions, res-

(1) Sous Louis XIV et ses successeurs, le recrutement des régiments et des compagnies, qui appartenaient généralement à des propriétaires, se faisait avec des hommes de bonne volonté. Les officiers étaient tenus de se procurer le nombre de recrues nécessaire pour remplacer les morts, les disparus ou les déserteurs.

Ce système, tout au désavantage de la noblesse, aboutissait à sa ruine. C'est l'explication de l'adage : « Noblesse militaire, noblesse ruinée ou courant à sa ruine. »

sentit les effets défectueux d'une organisation militaire, qui obligeait, quoique les armées fussent très peu considérables, à prendre des troupes mercenaires, qui ne se conduisirent pas toujours comme elles auraient dû le faire.

Quoi qu'il en soit, on vivait sous la rude main gantée qui vous rudoyait peut-être, mais qui vous protégeait.

« Seigneurs, bourgeois, serfs, paysans, religieux, « tous enfin, poursuit M. Taine, adaptés à leur condi- « tion, reliés par un intérêt commun, sont ensemble « une société, un corps véritable. La seigneurie, le « comté, le duché deviennent une patrie que l'on aime « d'un instinct aveugle et pour laquelle on se dévoue ; « elle se confond avec le seigneur et sa famille, et à ce « titre on est fier de lui, on conte ses grands coups « d'épée. »

Quand une nation est sous l'influence d'une préoccupation fixe et irritante, c'est peine perdue que d'en appeler à sa raison et à sa justice. C'est ainsi qu'on a fait du droit d'aînesse, que bien des gens considèrent comme un droit nobiliaire, un argument contre la noblesse, d'autant mieux réussi qu'il est faux. Ce droit si peu connu, fut interprété selon les coutumes et les mœurs des différentes populations qui occupaient le sol de la France : au nord de la Loire, il était appliqué par la bourgeoisie et les paysans, comme par la noblesse ; à Paris et dans certains pays soumis au droit coutumier, il fut, par exception, aristocratique ; dans le Midi, il était ignoré.

L'aristocratie foncière y suivait les usages des autres classes. « Là, point de distinction de classes, dit M. de Ribbes, de castes, de catégories, de propriétés en ce qui touchait la transmission de biens ; le droit testamentaire était le même pour tous, et il ne fut jamais le privilége d'une classe au détriment des autres. »

Chaque famille, la plus obscure comme la plus considérable, se mouvait, s'organisait d'après ses intérêts avec une complète indépendance. L'autorité paternelle, ainsi que cela a lieu dans les pays où la vie circule librement, était pleine et entière, et c'est à peine si on trouve çà et là des traces de ce besoin d'égalité mal comprise, qui est la grande infirmité de notre race (1). Essence de l'idée révolutionnaire, ce besoin s'est affirmé et a reçu son application dans la tourmente de 93, «..... offert « comme une arme de guerre, écrit M. de Buttenval, « aux hommes dont le dessein avéré et érigé en maxime « de droit public, était de détruire, dans la famille, « l'autorité paternelle, et dans le pays tout entier, « l'esprit de tradition, voué alors à l'exécration sous le « nom d'ancien régime. »

Le droit d'aînesse était donc une fiction, mais il servait au dessein de la révolution, qui est peu scrupuleuse sur les moyens à prendre pour arriver à ses fins. Ce droit était d'autant plus antipathique dans quel-

(1) L'opinion d'un de nos plus implacables ennemis est bonne à citer. En 1815, lord Castelreagh, n'ayant pu obtenir ce qu'il demandait de contraire à nos intérêts, s'écriait : « Les Français sont suffisamment affaiblis par leurs lois de succession.... » Parole à méditer !

ques contrées, que l'on sentait déjà l'esprit d'égalité en éveil, dans certains actes de la vie de famille. Son éclosion ne fut différée que par la sagesse de nos anciennes mœurs. Les documents en font foi; un, notamment, nous a paru assez explicite pour que, quoique nous concernant, nous n'ayons pas hésité à en citer un passage. On se croirait de nos jours, si l'on ne se savait pas en plein moyen âge.

Elie Rochon de Lapeyrouse, chevalier octogénaire, a fait la guerre sous les rois Charles VII et Louis XI et aidé, en 1443, à la formation de la première garde de nos rois, dans laquelle il avait un grade élevé. Pour épargner à lui et à ses enfants des contestations d'intérêts, qu'il pressent et qui se réalisèrent à sa mort, voulant, dit-il, « finir en paix sa longue et laborieuse carrière, » il lègue à son fils aîné Guillaume, sa charge militaire et sa seigneurie de Trigan; à Armand, celle de Jonquières, toutes les deux situées en Lauragais, et à Elie ses autres domaines, notamment la terre de Narbonne (Lapeyrouse), située en Périgord, avec deux mille écus. »

Observons que le partage, qui devait porter plus tard un si rude coup à la noblesse, fut pour elle, à cette époque, une source de force et de grandeur. Les propriétés étaient assez considérables pour supporter le poids de la division, et comme on savait que la puissance et le crédit s'attachaient aux familles nombreuses, les pères acceptaient volontiers des partages qui, en permettant aux cadets de se marier, les faisaient, à l'instar de leurs aînés, chefs de nouvelles souches, avec tous les priviléges qui y étaient attachés. Par mesure de prudence, et dans le but de conserver l'union des familles, ces nouveaux chefs de souche s'obligeaient à tenir leur portion d'héritage à foi et hommage de leurs aînés. Aussi la fécondité de la noblesse fut-elle extraordinaire. Des écrivains ont compté jusqu'à quarante rameaux sortis du même tronc. Il n'était pas rare de rencontrer sur des champs de bataille, dix, douze membres d'une même famille. Vingt-deux Menou périrent à Malplaquet, quatre-vingts gentilhommes du nom de Vassal, assistèrent au sanglant combat de Lassiette, en Piémont.

Quand on pénètre dans les profondeurs de l'ancienne France, on y trouve, sans doute, des lois confuses, défectueuses, une organisation embrouillée ; mais les mœurs, qui sont simples, sérieuses et élevées, en dissimulent, corrigent les effets et tiennent les âmes dans une indépendance et une susceptibilité à l'égard des droits de chacun, qui n'excluent ni le respect ni la déférence pour les supériorités. Le président du Vair frappé de cet état de choses, déclarait au XVIe siècle, en plein parlement de Provence, « qu'il ne faut pas toucher à cette jalouse liberté si chère aux populations méridionales. »

Nous sommes loin aujourd'hui des effets désastreux que, suivant nos contemporains, ce prétendu régime produisit en France. Le régime contraire, c'est-à-dire la contrainte testamentaire a prévalu, et il n'entre pas dans le cadre de notre travail d'en discuter les résultats connus. Nous nous bornerons à signaler un fait qui, chez tout autre nation que la nôtre, exciterait la plus douloureuse émotion. Des populations généreuses, vaillantes, attachées au sol, mais passionnées pour leurs traditions séculaires, émigrent depuis l'application de notre code, pour s'affranchir des charges et des liens que le niveau moderne, ce lit du tyran Procuste, leur impose. Elles abandonnent leurs foyers pour aller à l'étranger, respirer l'air plus pur d'une liberté qui leur assure le droit de vivre et de mourir comme leurs pères.

CHAPITRE V.

LA NOBLESSE DEVIENT UN ORNEMENT DE COUR.

SON OISIVETÉ, SES CONSÉQUENCES.

Cependant la royauté, en excluant la noblesse du gouvernement du pays, la jeta dans un désœuvrement aussi nuisible à l'une qu'à l'autre. Elle fut comme détachée du sol et des intérêts nationaux, juste au moment où l'administration générale s'accusait fortement dans le sens autoritaire. Elle devint, ainsi que la France, la victime de la bureaucratie. « Tout a ployé « sous ses commis, toute la législation et toute la pra- « tique administrative ont opéré contre le seigneur « local pour lui ôter ses fonctions efficaces et le con- « finer dans son titre nu. Des commis, des gens de « plume et de robe, des roturiers sans consistance font « la besogne; nul moyen de la leur disputer. » (1).

Il faut convenir que si la royauté se prêta à cette démolition, elle le fit avec peu de clairvoyance politique. Puisqu'on décapitait la noblesse, ses priviléges qui n'avaient plus leur raison d'être, auraient dû subir

(1) Taine.

le même sort. La noblesse, entrée de gré ou de force, dans le droit commun, aurait appliqué ses aptitudes naturelles au grand avantage du pays ; et le tiers état, ne voyant plus en elle l'individualité prépondérante par droit de naissance, qui le tourmente plus que tout autre chose, se serait désintéressé dans l'hostilité que les ennemis de l'ordre et de la société lui faisaient. Le respect, le prestige dus à ses grands services, n'eussent pas été contestés; mais au lieu de cela, pendant que la masse de la noblesse se voyait dépouillée de ses attributs et, partant, de sa haute importance, la royauté tolérait en faveur de quelques familles, une situation aussi choquante que malhabile. Une noblesse de cour et un haut clergé, formant une minorité de quelques centaines, dans chaque ordre, parvenait, grâce à des complaisances royales, à maintenir une partie de ses priviléges. Les plus cruels ennemis de ce corps n'auraient pas agi autrement. On se précipitait dans l'impossible. Dès ce jour, la noblesse fut le bouc émissaire de la nation, l'objectif de toutes les haines, dont une partie de cette responsabilité rejaillit sur la royauté. La communauté d'intérêt qui avait lié entre eux tous les degrés de la noblesse, fit place à une rivalité jalouse; et l'impertinence de quelques grands seigneurs acheva la désunion. Il y eut deux noblesses : le mot de petit cousin appliqué au noble provincial, à cause de ses habitudes un peu surannées, fut reçu comme une injure. La hauteur des pairs du royaume envers les Parlements excita, chez ces derniers, un ressentiment qui se changea trop souvent en une opposition excessive, qui devint fatale à la monarchie.

Devenue un ornement de cour, au lieu d'être une utilité nationale, selon ses traditions, la haute noblesse, de plus en plus rivée à la cour, où elle trouvait la complète satisfaction de ses désirs et de ses intérêts, perdit de vue ses anciennes attaches, qui l'avaient liée si fortement aux populations rurales. Obérée par le faste et la dissipation, et par conséquent besogneuse et exigeante, elle employa, dans la gestion de ses domaines, des intermédiaires qui, pour la contenter et s'enrichir, pressurèrent les malheureuses populations. Les pays d'élection furent ceux qui souffrirent le plus de ce régime connu sous le nom d'absenthéisme, et qui rappelle celui qui pèse sur l'Irlande. La noblesse de finance apporta à cet état de choses son funeste concours, par ses goûts et ses dépenses. « Les fortunes disparaissent comme par enchantement, disait Mme de Boufflers : on se ruine à qui mieux mieux. » Comme il fallait soutenir son rang, vaille que vaille, on substitua à la vraie magnificence, une magnificence d'emprunt qui couvrit quelque temps des misères qu'on chercha à réparer à tout prix. Les rangs se confondirent, en dépit de l'orgueil, et l'on vit le navrant spectacle de quelques descendants de nos plus illustres familles, ne conserver de leurs ancêtres que le nom qu'ils déshonoraient, et des titres qu'ils prostituaient, au grand scandale de la nation.

Nous venons de voir les tristes conséquences que

le système exclusif et compressif de la bureaucratie produisit dans le corps de la noblesse. Il nous reste à montrer un des côtés de cette situation qui, par l'influence qu'il exerça sur la société française et européenne, mérite d'être signalé.

En forçant la noblesse à une oisiveté que les soins de la guerre ne pouvaient satisfaire complètement, il aurait fallu, en toute justice, lui réserver une porte, une issue, une soupape enfin, pour lui permettre de laisser échapper le trop plein de son activité. Le commerce, l'industrie, les professions libérales, lui étaient à peu près interdites, par suite de préjugés qui n'avaient plus leur raison d'être. Que pouvait-elle faire, sinon de suivre la pente naturelle de ses aptitudes d'esprit? Elle chercha, comme on dit vulgairement, à tuer le temps, et elle réussit. Des salons s'ouvrirent à Paris et plus tard à Versailles, où les causeries, les conversations, les correspondances qui en furent l'objet, leur acquirent bientôt une grande célébrité. Les lettrés, les savants les plus illustres, briguèrent l'honneur d'en faire partie. Il s'y fit une consommation énorme d'érudition et d'imagination, de telle sorte qu'on aurait pu croire un moment que toutes les ressources de l'esprit humain avaient été réunies dans ces lieux privilégiés. La langue, la poésie, la littérature, la science elle-même, en subirent plus ou moins le joug. Des mœurs plus adoucies et trop légères se substituèrent aux anciennes, rudes et sérieuses.

Si l'énergie de l'expression, l'originalité de la pensée

et des caractères perdirent à ce frottement exagéré et continu, il n'en resta pas moins à l'actif de cette société, un art, un tour, un je ne sais quoi enfin, pour dire les choses, qui n'eurent de pareil que l'air et la grâce avec lesquels on savait les dire. Parmi ces gentilhommes si raffinés, tout charmait, car « tout semblait jouer en eux. » Ils écrivaient comme il parlaient, soutenus par les joyeusetés toujours étincelantes de l'esprit français en éveil.

Nous ne pouvons résister à citer deux exemples : à l'arrivée de l'infortunée Marie-Antoinette à la frontière de France, pour contracter son mariage avec Louis XVI, comme elle parcourait les rangs de la noblesse, accourue pour lui faire honneur, elle s'arrêta devant le marquis de B***, dont la femme passait pour être aussi belle que spirituelle : « On m'a dit, lui dit la princesse, que Madame de B*** est la personne la plus séduisante du monde. »—« Madame, répondit le marquis sans hésiter, tout-à-l'heure encore je le croyais. »

Plus tard, à Versailles, la reine se trouvait avec son frère, l'empereur Joseph; elle portait une jolie toilette et elle était chaussée de souliers vert uni. Voyant venir à elle le chevalier de M***, connu par sa galanterie, la reine voulut l'embarrasser, et lui dit en riant : « Voyons, Monsieur, faites-moi un compliment, » et l'autre de répondre : « Madame, l'univers est à vos pieds ! »

C'étaient des riens, sans doute, mais ces riens, renouvelés sans cesse sous les formes les plus variées comme les plus attrayantes, éblouissaient un siècle léger et futile, et ils ont encore le privilége de nous charmer.

Toujours est-il que cette domination nouvelle, ajoutée à d'autres, que la haute société française acquit, fut loin de contrebalancer les effets désastreux d'une situation si anormale.

. . . .

CHAPITRE VI.

LA NOBLESSE EST ACCUSÉE DE TYRANNIE, D'IGNORANCE. SON ÉDUCATION. — LA CHEVALERIE.

Ce grief de tyrannie, qui n'est pas plus sérieux que celui du droit d'aînesse, a singulièrement contribué à soulever les masses populaires contre notre grand passé. « Calomniez! disaient Voltaire et son école, il en restera toujours quelque chose. » Ils auraient pu ajouter : « Il restera tout et plus encore. »

Quand la révolution veut propager quelque indignité, la chose est bien simple. Elle donne le mot à ses comparses, qui aussitôt se mettent en campagne, la colportent, la discutent, en feignant d'y croire; puis la jettent en curée à des millions d'intelligences déjà obscurcies, prêtes à s'approprier toutes les sottises, surtout celles qui ont une saveur d'odieux ou d'invraisemblance. Il n'y a plus moyen de résister : le tour est fait. Il faudra un siècle d'efforts et d'événements extraordinaires pour la détruire.

On nous fait croire, comme preuve de cette tyrannie, que les instruments que l'on rencontre dans quelques vieux châteaux, servaient à torturer des innocents encore plus que des coupables. Notre enfance a frémi plus d'une fois au récit de ces lugubres légendes. Et cependant, si des seigneurs rendaient la haute justice, c'était au même titre que notre société. Ils faisaient acte d'une souveraineté qui leur appartenait, car pouvoir et propriété étaient deux mots synonymes. Toute justice était patrimoniale; le seigneur était la loi vivante, adoucie dans son application, par le sentiment chrétien. D'ailleurs, il y avait encore, en dernier ressort, les lettres de sauvegarde accordées avec une largeur pleine de bienveillance et quelque peu intéressée par la royauté, qui soustrayait le vassal lésé à la subordination envers tout seigneur dont il avait à se plaindre. La loi, il est vrai, était sévère, appropriée au temps, mais elle offrait autant de garantie que la nôtre, dont la sensiblerie doctrinale et arbitraire commence à inspirer de justes alarmes.

Sans doute, dans cette société féodale qui ne brillait pas par la clarté et où les mœurs étaient dures, des seigneurs purent abuser de leur autorité. Mais il serait souverainement injuste d'en rendre le corps responsable. Autant vaudrait-il dire que la France de 89 fut responsable des scélératesses des hommes de cette époque. Grâce à Dieu, la solidarité du pays ne va pas jusque-là, et les criminels d'avant la Révolution, comme ceux d'après, sont des individualités malfaisantes qui n'appartiennent à personne. On peut faire à la noblesse bien des reproches, que nous ne lui épargnons pas plus que les autres, mais en fait de bienveillance à l'égard de ses inférieurs et des deshérités, elle n'a jamais été surpassée.

Elle a été, dit-on, ignorante. Cette assertion n'est pas plus soutenable que les autres.

Un homme d'une grande compétence, M. de Courcy, ému de ce parti pris de tout calomnier en la noblesse, constate qu'on n'a jamais pu montrer une pièce authentique portant cette formule si connue : « Lequel en sa qualité de gentilhomme déclare ne savoir signer. » (1). Si l'instruction de la masse de la noblesse ne dépassa pas, jusqu'en 1700, le niveau ordinaire, un très grand nombre d'esprits éminents n'en sortirent pas moins de son sein, qui excellèrent dans les lettres, les sciences et l'éloquence. Sans citer ces humbles religieux venus d'elle en grand nombre, qui continuèrent les traditions des lettrés de la Grèce et de Rome, peut-on taire les noms fameux de saint Bernard, d'Abeilard, et plus tard, de Vauvenargues, du cardinal de Retz, du duc de Saint-Simon, de Descartes, de Fénelon, de Buffon, et parmi les femmes, de Mmes de Lafayette, de Simiane, de Maintenon, d'Hautefort et de l'inimitable de Sévigné, qui ont jeté tant d'éclat sur la France ? Est-ce que de nos jours, les Mirabeau, les Chateaubriand, les Berryer et les Lamartine, ne confirment pas cette vérité, acceptée par le monde entier. Nous nous trompons. A notre honte, il existe dans la France nouvelle,

(1) Mabillon, Zeegelbouer affirment que c'est une pure invention.

une autre France osant se dire telle, qui ne pense, ne parle et n'écrit que pour livrer au mépris et à la destruction, sous les auspice d'un suffrage universel absolument inconscient de ses actes, non-seulement les derniers vestiges des institutions fondées par le génie et la sagesse de nos pères, mais notre propre gloire, dont elle ne peut supporter la lumière éblouissante.

Mais c'est par son éducation que la noblesse française a été vraiment incomparable.

Un étranger, l'historien Sismondi, ne dissimule pas son admiration : « Elle fit, dit-il, de la France une école d'héroïsme de tout l'Occident, le modèle de cette perfection presque idéale, que l'on désigna sous le nom de chevalerie, et que les guerres des croisés, les chants des troubadours et des trouvères, les romans mêmes des peuples voisins, rendirent propre à la France. »

Base essentielle du régime féodal, nous avons laissé la chevalerie à l'état latent, au sein de ces groupes de guerriers armés qui vont exercer un véritable protectorat sur la nation entière. Il manque à leur gloire l'apostolat, et c'est la chevalerie reconstituée qui va le leur donner.

Pénétrés de cette force secrète qui place les hommes pour les besoins qu'elle seule connaît, et qu'elle élève au-dessus de tous, les chevaliers, âmes de feu, corps de fer, forment comme une espèce d'ordination militaire, à l'exemple de l'ordination sacerdotale. Leur milice est à la fois militaire et religieuse, et dans leur existence aussi merveilleuse qu'aventureuse, on ne sait qui l'emporte, en héroïsme, du guerrier ou du religieux. Leur noble devise : « Mon Dieu, mon Roi, ma Dame, » qui résume tous les devoirs dans l'humanité, idéalise les caractères.

Ces soldats du Christ (1) se sont fait des institutions extraordinaires ; mais plus extraordinaires encore furent ces hommes, qui durant plusieurs siècles les appliquèrent avec amour et fidélité. Ils sortent de la noblesse de race et de la douce France, comme ils l'appellent dans leur langage poétique.

Le chevalier jurait d'avoir toujours droiture et loyauté, de défendre partout et en tous lieux, le faible, l'opprimé, contre le fort et le puissant, de donner aide et protection au sexe faible, n'importe de quelle condition qu'il pût être, de punir le mensonge, la félonie, la lâcheté comme des crimes, de vivre dans la continence, dans l'amour de Dieu, de son Roi et de sa dame. Il devait ouïr la messe tous les jours, jeûner les vendredis et garder invariablement sa foi à tous, et particulièrement à ses compagnons, qu'il s'engageait à honorer, à aimer et à assister en toute occasion, etc. Il devait pousser la forme du respect envers la femme jusqu'aux dernières limites, « recordant par dessus toutes autres choses que si petite bourgeoise et femme de condition faiblesse devant qui et parlant à elle, il doit avoir le chapel en la main pour le respect que debvons, nous

(1) Schakespeare.

gentilhommes, aux femmes toutes en général pour la raison de leur sexe. »

Les héros grecs et romains ont été surpassés par ces héros chrétiens, dont la vie si parfaite, les faits prodigieux, nous semblent appartenir à la fable. Et puis quand l'âge, ou des peines secrètes, les contraignaient à abandonner le métier des armes, ils se réfugiaient en grand nombre dans les cloîtres. Sous l'humble vêtement de religieux, beaucoup d'entre eux prodiguaient le reste de leur existence à reprendre le cours des lettres et des sciences perdu; ou, architectes et ouvriers incomparables, à élever les magnifiques basiliques dont les splendeurs étonnent notre imagination.

On comprend que de pareilles mœurs et de pareils hommes, durent exercer sur leur siècle la plus heureuse influence. Le caractère national se retrempe, le sentiment de l'indépendance et de la liberté à quiconque se sent de l'énergie renaît dans les cœurs; l'esprit belliqueux de la nation se refait, et les rapports entre seigneurs, bourgeois et vassaux prennent des formes adoucies et font naître un besoin d'équité dans l'inégalité même.

Sous les auspices de la forme monarchique héréditaire, cause prépondérante de notre prospérité, on assiste au spectacle extraordinaire d'une nation qui, en dépit de l'insuffisance de beaucoup de ses souverains, a constamment progressé par la force de ses institutions traditionnelles, et montré la France, au dire de plusieurs historiens libéraux, s'agrandissant, s'ennoblissant d'année en année et acquérant des vertus nouvelles.

Voilà pourquoi la noblesse chevaleresque obtint si longtemps, dans l'opinion du pays, une espèce de primauté qu'elle devait encore plus à ses services éclatants qu'à son origine ; de nos jours encore, quand on veut faire l'éloge complet d'un homme, on dit : « C'est un parfait chevalier. » (1).

On conçoit que la femme, dans ce milieu, dut jouer un rôle aussi important que charmant et qu'elle exerça la plus salutaire influence sur ces hommes de fer et de caractère généreux. Relevée de la déchéance antique, par la religion, elle se montra digne de sa glorieuse mission. L'histoire nous la montre familiarisée avec les plus hautes notions sur les devoirs de son sexe et même de la vie publique. L'âme se sent pénétrée d'admiration à la lecture des innombrables recommandations que ces Cornélies françaises faisaient à leurs enfants.

Tout était sur un ton supérieur. L'esprit, le cœur, le

(1) La noblesse de race pure ou chevaleresque, se prouve par une filiation non interrompue de noblesse à partir de 1400, soit par contrat de mariage, testament ou autres documents, tels par exemple que l'admission dans la garde du Roi créée en 1443. Il fallait être d'une haute condition nobiliaire pour en faire partie, selon les historiens, notamment Lascheney des Bois, Dampmartin, etc., etc.

Les plus grands seigneurs briguaient les charges, au point que la Royauté en prit ombrage. Vers 1500, on chercha à les éloigner et l'on réduisit les preuves d'admission à 150 ans de noblesse sans mélange.

caractère se prêtaient aux réalités extrêmes d'une imagination passionnée et mystique. L'histoire nous cite des faits incroyables ; nous nous bornerons à en faire connaître deux qui, à titre différent, donnent l'idée de cette époque extraordinaire.

A Augsbourg, où se trouvait la cour impériale, une femme de sang royal, aussi belle que vertueuse, avait attiré par son éblouissante beauté les regards indiscrets des plus grands seigneurs qui, exaspérés de se voir dédaignés, convoitèrent sa perte. Le prince d'Anhalt et le comte de Mansfeld ne craignirent pas de l'accuser du crime d'adultère. Son époux, trop confiant dans les paroles de ces deux hommes qui les attestaient par serment, la fit enfermer et la sépara de tous ceux qu'elle aimait. Dans cette situation désespérée, la malheureuse femme eut recours aux usages du temps, qui l'autorisaient à purger son honneur par la voie des épreuves. Comme les deux calomniateurs soutenaient leur dire et en appelaient au jugement de Dieu, elle réclama l'appui d'un chevalier. L'Allemagne entière, sachant la haute influence et la bravoure des dénonciateurs, garda le silence, mais le jeune chevalier Bozon d'Arles, auquel la renommée venait d'apprendre l'événement et toutes ses circonstances, jure d'en tirer vengeance. Il fait aussitôt, en secret, ses préparatifs de départ et se dirige avec un seul écuyer vers Augsbourg. Confirmé dans le récit qu'on lui en a fait, il relève le défi des deux seigneurs et leur propose le combat à outrance. Il est accepté, et le jour de la lutte fixé, on voit Bozon, armé, la visière de son casque baissée, entrer dans la lice, pleine de princes, de gentilhommes et de peuple, accourus à ce spectacle qui passionnait les cœurs. Bozon ordonne à son écuyer de présenter des lances dont il laisse le choix à ses adversaires. Le signal est donné; le premier combattant, le prince d'Anhalt est renversé de son cheval, et l'épée sur la gorge, Bozon l'oblige à déclarer sa félonie ; le comte de Mansfeld le remplace, mais après une lutte acharnée, il est désarmé et contraint de faire amende honorable. Le marquis d'Alberstad, furieux de la défaite et de la honte de ses deux parents, provoque le redoutable guerrier, qui l'étend mort dans l'arène. De toutes parts, la foule enthousiasmée demande le nom du libérateur de la princesse ; mais Rozon garde la visière baissée, et après avoir salué avec grâce la famille impériale et les assistants, il se dérobe avec la plus charmante modestie aux applaudissements de la cour et de la foule.

L'empereur d'Allemagne n'apprit que quelques mois après le nom de ce guerrier français. La chrétienté, d'une voix unanime, le proclama *preux*, qui était la plus noble et la plus enviée de toutes les qualifications.

Le comte de C... aimait la fille d'un des hauts barons du midi de la France et il était payé de retour. Jeunes et beaux, tout semblait devoir leur sourire, et ils se livraient à l'avenir avec la confiance de leur âge. Malheureusement, le père de la jeune personne avait imprudemment engagé sa parole au comte de B..., qui charmé des qualités de sa fille, avait sollicité sa main.

Le comte de B..., riche et puissant seigneur, était d'autant plus à ménager, que l'union qu'il recherchait éteignait entre les deux familles une hostilité séculaire. On juge de la désolation des deux amants lorsqu'ils apprirent le fatal engagement et qu'ils reçurent l'injonction de ne plus se voir. Il fallut se résigner et obéir. Le mariage se fit et la jeune comtesse de B... partit pour ses terres, situées sur la frontière d'Espagne. Le comte de C..., au désespoir, quitta peu après la maison paternelle et s'en fut guerroyer contre les Turcs, sous la bannière de la chevalerie. Après cinq ans d'absence, il revint au pays sous l'habit d'un pèlerin, et ayant fait courir le bruit de sa mort, il se retira dans un monastère de la contrée, où il ne tarda pas à prononcer ses vœux.

Cependant le comte de B..., après une maladie assez longue, mourait, et sa jeune épouse reprenait le chemin de sa patrie, libre et heureuse de revoir l'homme qu'elle pouvait aimer désormais. Quelle ne fut pas sa douloureuse surprise en apprenant à la fois la fuite et la mort du comte de C.... La réflexion, des bruits qui circulaient dans le pays, un pressentiment indéfinissable qui ne la quittait pas, firent naître dans son cœur une lueur d'espérance. Elle reprit le cours de ses recherches, et finit par savoir qu'il était vivant et retiré dans le monastère de la contrée. Elle prend aussitôt son parti, le seul qui lui paraît concilier ses devoirs avec sa tendresse. Déguisée en religieuse, elle va s'établir dans un hermitage, non loin du village et du monastère. Là, par sa vie exemplaire et sa charité, elle a bientôt conquis le dévouement de la population, dont elle se sert pour épier la conduite du comte de C... et apprendre les moindres détails de son existence. Elle-même va errer à l'entour du monastère, où il lui arrive parfois de l'apercevoir dans ses promenades solitaires. Ce rôle d'ange gardien, qu'elle aimait à s'attribuer, consolait et fortifiait son âme pure, mais épuisait son corps par tant d'émotions. Un soir, les villageois qui savaient le pauvre hermite alité virent deux religieux se diriger et entrer dans l'hermitage. C'étaient le supérieur et M. de C..., que l'hermite avait fait appeler. Sentant sa fin prochaine, elle avait voulu revoir celui qu'elle aimait et lui faire ses adieux ici-bas. A sa vue, son cœur pensa défaillir ; remise incontinent, elle se fit connaître à M. de C*** qui, brisé de douleur, tomba à ses pieds. « Bernard, lui dit-elle, l'hermite qui a vécu des années près de vous, dans le silence et la prière, c'est moi. Je n'ai pas voulu porter le trouble dans votre âme, encore moins ébranler une détermination qui doit être irrévocable, sous peine de forfaire à l'honneur et à des engagements sacrés. J'ai dû faire ce sacrifice, mais il en a bien coûté à mon cœur ! Et maintenant, cher Bernard, gardez toujours le souvenir du pauvre hermite et priez pour lui sur la terre, comme il priera pour vous au ciel. »

La corruption de l'ancien régime n'atteignit qu'accidentellement le caractère de la femme, et l'on en trouve fréquemment d'une hauteur morale et intellectuelle qui fait contraste avec ce que nous voyons aujourd'hui dans les diverses classes de la société. M. de Tocqueville, si favorable à notre époque, en regrettant de voir les femmes de notre temps trop étrangères à la compréhension de ces grands devoirs, avoue que « c'est une « face de l'éducation qui leur est comme invisible et « qu'il n'en était pas de même dans l'ancien régime « qui, au milieu de beaucoup de vices, renfermait de « fières et nobles vertus. »

Cependant l'infirmité de notre nature ne supporte pas longtemps le fardeau si lourd de la prospérité et de la vertu élevée à sa plus sublime expression. La chevalerie en fit l'expérience. Comblée d'honneurs par les souverains qui briguaient son concours, elle perdit peu à peu une partie de l'esprit austère et d'abnégation qui avait fait sa force; et l'on sentait au plus fort des croisades que, malgré ses éminentes qualités, elle n'était plus la chevalerie par excellence des époques antérieures.

Quoi qu'on fasse, la destinée de la France est d'être, dans les grandes et nobles choses, l'inspiratrice et l'initiatrice des peuples. A partir du XVIIe siècle, une chevalerie dont elle est le berceau, plus modeste, plus pacifique et non moins glorieuse, succède à la chevalerie de race militaire et religieuse. Recrutée dans tous les rangs de la société et parmi les deux sexes, elle porte, sous les noms de la Compagnie de Jésus, de Saint-Vincent de Paul, des Filles de la Charité, de Lazaristes et des Frères de la Doctrine chrétienne, partout où il y a un cœur d'homme à consoler, à instruire et à bénir, la connaissance de la vérité et de la France.

Aujourd'hui, comme autrefois, des esprits généreux, de vrais croisés, justement effrayés du progrès des doctrines anarchiques qui circulent librement avec l'assentiment du pouvoir, se concertent pour résister aux multitudes ignorantes et aveugles que des ambitieux ont soulevées contre nos plus chères croyances et contre la patrie elle-même, qu'ils veulent sacrifier à leur chimère de nationalité humanitaire.

CHAPITRE VII.

L'ÉMIGRATION EST TAXÉE DE CRIME DE LÈSE-NATION.

C'est la fable du loup et de l'agneau qui sera toujours jeune. Nous n'exagérons rien. La masse de la nation impute à crime l'émigration forcée de la noblesse. On le lui a dit et elle le croit, sans se soucier de savoir si un fait de cette gravité, qui attaque l'honneur de tout un corps, est vrai. S'est-elle jamais demandée si l'émigration ne fut pas la conséquence des lois de proscription et des menaces suivies d'actes déplorables qui précédèrent ces lois ? M. Taine, qui n'est pas suspect, mais qui hait l'injustice, a des paroles sévères à ce sujet.

« Pour tout homme impartial, dit-il, la terreur date du 14 juillet 1789. Pendant plus de trois ans, sous une pluie continue de menaces, de spoliations et d'outrages, les nobles, qui ont pu rester en France, n'ont commis ni entrepris aucune hostilité contre le gouverement qui les persécute. »

Pendant, en effet, que des bandes de brigands

parcouraient la campagne, incendiaient les châteaux, brûlaient les moissons, lapidaient les prêtres, les nobles et les bourgeois, paysans, désignés comme suspects, l'Assemblée constituante, peu soucieuse de ces horreurs, fermait les yeux et édictait des lois de proscription contre les classes supérieures : noblesse, parlements, haute bourgeoisie. Dans cette conjuration du gouvernement, des autorités locales, contre ces infortunés et leurs familles, que pouvait faire l'individu isolé, sans point d'appui, en présence de ces multitudes sauvages soulevées ? Poser la question, c'est la résoudre. Et cependant, il est certain que la majorité de la noblesse fit des efforts désespérés pour rester au milieu des ruines amoncelées autour d'elle. Dans les départements, où par exception il se rencontra des commissaires relativement bienveillants, ou plus faciles à gagner, un certain nombre de nobles usèrent de la tolérance en changeant généralement de nom et de résidence (1). La plupart furent obligés de vendre, à vil prix, des propriétés convoitées par les patriotes.

Les officiers de terre et de mer, contre lesquels on ameutait les soldats et les matelots, étaient particulièrement consternés. Ils voulaient aller aux frontières

(1) La destruction des papiers de famille, qui était obligée et que beaucoup de nobles s'empressèrent d'opérer au grand jour, pour s'éviter d'être soupçonnés d'hostilité, a été funeste non seulement aux familles, mais aussi à la France. Dans ce siècle de recherches, les érudits auraient trouvé dans les chartes des familles des éléments précieux, que l'on ne songeait pas autrefois à faire paraître. On ne se figure pas jusqu'à quel degré allait l'insouciance à cet égard.

ou sur leurs vaisseaux, en vue de l'imminence de la guerre ; et ce n'est pas sans émotion que nous avons lu la requête des compagnons de Suffren, de d'Orvilliers, de d'Estaing, de Lamotte-Piquet, de du Couëdic, sollicitant du gouvernement républicain, comme une grâce, la faveur de combattre pour le pays. Pour toute réponse, on leur expédia des ports et de Paris des intrigants, bien entendu, sans talent et trop souvent sans courage, qui prirent leur place à bord de nos vaisseaux. On sait le reste (1). Notre marine, sous de pareils chefs, essuya désastres sur désastres, à tel point qu'elle ne put se relever tant que dura la guerre.

Cependant, en cette extrémité sans précédent, « nombre d'officiers nobles, surtout dans le génie et l'artillerie, s'obstinent à rester à leur poste, les uns par principes libéraux, les autres par respect de la consigne, même après le 15 août, même après le 2 septembre, même après le 21 janvier. » (2)

Evidemment, ces nobles soldats troublaient l'eau de l'animal féroce, et il fallait payer de l'exil et de la mort la possession d'une position et d'une fortune dont on voulait s'emparer. On leur imputait à crime jusqu'à l'estime de leurs concitoyens. L'illustre Cuvier, dont le témoignage est si considérable, écrivait : « Sauf un petit

(1) Le chevalier du Pavillon, tacticien du premier mérite, MM. de Morogues, de Buor, etc., avaient formé une génération d'officiers pleins de distinction et de courage, qui, pour la plupart, moururent en exil ou à Quiberon.

(2) Taine.

nombre de fats, habitués de salons, favoris de cour et portés au plus hauts grades par des intrigues d'antichambre, il est certain que c'est dans les groupes moyens de l'aristocratie que l'on trouvait alors le plus de noblesse morale. Nulle part en France, il n'y avait tant de mérite éprouvé et solide. Beaucoup d'entre eux étaient des gens de caractère le plus aimable et de l'esprit le plus élevé. En effet, pour le plus grand nombre, le service militaire n'était pas une carrière d'ambition, mais un devoir de naissance. Dans chaque famille noble il était de règle qu'un fils fût à l'armée ; peu importait qu'il y avançât. Il payait la dette de son sang, cela lui suffisait, et après vingt ans et trente ans de service, une croix de Saint-Louis, parfois une maigre pension, étaient tout ce qu'ils avaient le droit d'attendre. »

Mais, dit-on encore, comment des hommes braves, courageux, n'ont-ils pas eu la pensée de se réunir pour réagir contre de pareils excès. Nous venons de montrer les difficultés qu'il y avait à lutter contre les masses soulevées, appuyées par le gouvernement et les autorités locales ; mais il y avait encore un empêchement en plus, qui venait du tempérament que la bureaucratie autoritaire avait fait à la personnalité française. Par un travail insensible, elle avait désuni le corps social tout entier. La bureaucratie fit ce que nous faisons si largement depuis 80 ans, et si les mêmes orgies, les mêmes circonstances effroyables se présentent, nous risquons de faire, si nous n'y prenons garde, comme nos pères, mais sur la plus vaste échelle. L'individu, alors comme aujourd'hui, était isolé, il sentait son isolement ; en sorte que ne se sentant pas, ni à gauche, ni à droite, ce coudoiement si fortifiant au moment du danger, il avait perdu la confiance en soi et cette initiative qui engendre dans les heures de torpeur et de confusion, des prodiges. Et puis, la guerre des rues, la guerre civile, avec ses mille péripéties qui vous surprennent, vous dominent, demande des hommes pour exercer l'influence nécessaire, d'une nature particulière. C'est avec une haute taille, les bras nus, la voix tonnante, la chevelure en désordre, l'air cynique, que l'on s'empare des foules. Danton, Mirabeau étaient faits pour commander à la populace. On ne pouvait rien espérer de ce genre dans une caste habituée aux manières charmantes. Les ordres du Roi, d'ailleurs, ordonnaient la patience et la modération.

On s'explique ainsi comment tout Paris a pu assister, morne, consterné, à la mort du Roi et de la famille royale, et à ces horribles hécatombes de victimes que la Révolution sacrifiait chaque jour au minotaure.

Dans la Vendée et la Bretagne, les traditions de toutes sortes qui s'étaient maintenues, avaient conservé entre le noble, le haut bourgeois et le paysan, les anciennes relations de bienveillance et de communauté. Nous savons aussi combien la lutte de ces deux provinces contre tous fut héroïque.

Quoi qu'il en soit l'antagonisme, résultat de ce qui

précède, entre la noblesse et une portion de la nation, exploité par la Révolution, s'est révélé terrible et implacable. Il dure encore, et ni les services éclatants, ni les infortunes inouïes de ce corps, supportées avec tant de dignité, ni enfin son patriotisme, qui s'est montré si grand dans une guerre sans espoir, n'ont pu l'effacer de l'âme de cette multitude convaincue de préventions incurables.

C'est un spectacle mélancolique et grandiose que l'aspect d'une contrée qu'un torrent grossi par les eaux d'orage vient de dévaster. Les maisons, les arbres, sont abattus ou brisés ; seulement çà et là, de distance en distance, on rencontre des chênes séculaires encore debouts, qui semblent défier les efforts de la tempête. Le torrent révolutionnaire a amoncelé des ruines morales immenses sur notre sol, il a fauché les racines profondes du passé, et la noblesse, la grande bourgeoisie et les paysans en ont subi les atteintes profondes.

Pourtant, et c'est un témoignage à rendre à la noblesse, elle compte encore dans ses rangs des familles qui, riches ou peu fortunées, ont maintenu chez elles, en dépit de la difficulté des temps, les anciennes traditions. En Bretagne, la noblesse et les paysans nous en fournissent un nombre considérable et dignes de servir d'exemple et de modèle aux autres familles française, trop oublieuses de la vie traditionnelle. Dans nos autres provinces, il y en a moins, et le ton en général en est plus adouci ; l'empreinte moderne s'y montre davantage, mais combien elles sont dignes de notre estime ! (1).

Ce sont ces familles traditionnelles qui ont, plus particulièrement que les autres, accompli les grandes et nobles choses de la guerre de 1870 et 1871. Qui a pu lire, sans émotion, les récits de nos divers combats sur la Loire, où les soldats de M. de Charette semblaient avoir le privilége, qu'on ne leur contestait pas, cette fois, de se trouver aux endroits les plus périlleux pour y mourir en héros et pour sauver les débris malheureux de nos armées. Que de traits dignes de l'histoire se sont produits ! Ici, c'est le marquis Fernand de Bouillé qui vient avec tous ses enfants pour combattre, et qui dit à M. de Charette avec une simplicité antique : « Colonel, je vous amène mes fils ! » Ils y sont tous restés (2). Là, c'est le marquis de Coislin, que nous avons connu, qui va se faire tuer, à 71 ans, dans les rangs de ces vaillants soldats. Et tant d'autres dont nous avons le regret de ne pouvoir signaler les noms.

(1) Nous espérons pouvoir publier l'an prochain de nouvelles études sur un certain nombre de familles traditionnelles, proposées comme modèles et comme exemples aux familles françaises.

(2) Morts ou blessés.

CHAPITRE VIII.

DERNIÈRES CONSIDÉRATIONS. — LE TEMPÉRAMENT DE LA NOBLESSE EST UNE DES CAUSES ESSENTIELLES DE SES FAUTES. — RÉSUMÉ.

Quelque bonne que soit donnée l'éducation à un individu, il n'échappe que très difficilement à l'influence de ses tendances et de ses aptitudes natives. Elle les modifie, les corrige, elle les fait tourner souvent à son avantage, mais ce n'est qu'exceptionnellement qu'elle les fait disparaître. La température élevée, ardente du sang dans la noblesse, lui a fait commettre de grandes fautes, mais l'a préservée en toutes choses de la médiocrité. Sa tête, quoique très bien équilibrée, n'a pas valu son cœur, et ce n'est pas l'ingratitude du pays à son égard qui effacera le sentiment de respect et d'admiration que le monde entier professe pour elle. Il lui a manqué un historien pour raconter, aux âges futurs, ses grandeurs et ses infortunes, que rien n'a surpassé.

Téméraire, présomptueuse, dédaignant toute prudence, elle faisait la guerre plutôt en chevalier qu'en soldat discipliné. Nos principaux revers sont dus à cette fougue de son caractère qui faisait qu'elle gagnait à la main ceux qui étaient chargés de la conduire. C'est ainsi que nous la voyons sur le point de succomber avec la France, sous les efforts combinés de la guerre civile et de l'organisation militaire d'Edouard III d'Angleterre et de ses successeurs (1).

La captivité de Saint-Louis, les désastres de Courtrai, de Poitiers, de Crécy, d'Azincourt, de Pavie, de Saint-Quentin et de Rosbach (2), doivent lui être imputés. « A Courtrai, dit l'historien flamand, la chevalerie française, cette race de lions, vint se briser en efforts héroïques contre les masses profondes de l'infanterie gantoise. A Azincourt, elle perdit le double de chevaliers que Rome à la défaite de Cannes. Aussi, chargeait-elle toujours à fond, sans compter ses ennemis et sans

(1) Les Anglais durent leurs principaux succès aux fameuses bandes d'infanterie de Guyenne et de Gascogne, qui étaient à leur service par suite de la cession de ces provinces à la couronne d'Angleterre par Eléonore de Guienne.

(2) Nos pères avaient leur franc-parler. A Poitiers, peu avant la déroute, un cavalier sortit des rangs, et comme Taillefer à Hasting, il entonna le chant national de Charlemagne et de Roland. « Ignores-tu, lui dit le roi qui combattait avec la plus grande vaillance, qu'il n'y a plus de Roland ? » — « Vous vous trompez, sire, lui dit le gentilhomme, il y en a, mais il nous manque un Charlemagne. »

Dans cette guerre de cent ans, tout sembla conjurer contre nous. L'élite de la noblesse avait péri dans les champs de Nicopolis, où 4,000 chevaliers périrent, après les plus héroïques efforts.

A Rosbach, comme circonstances atténuantes et peu connues, il est juste de dire que les 40,000 Allemands des cercles, nos auxiliaires, gagnés, dit-on, par Frédéric, prirent la fuite et occasionnèrent la panique du reste de l'armée.

regarder en arrière. » Sous Charles VII, grâce à la formation de la garde du roi, spécialement réservée pour elle, elle se plia à plus de discipline. Ce corps appelé successivement cuirassiers de la garde, gens d'armes, gendarmerie, maison du Roi, devint légendaire par sa bravoure.

Individuellement, le noble de France fut le type accompli du gentilhomme européen. Quand ils se trouvaient en nombre, ils devenaient trop souvent bruyants, querelleurs et licencieux.. Les vêpres siciliennes ne les changeront pas. Excessifs en tout, ils ont servi de modèle et d'exemple à l'Europe.

En résumé, l'histoire de la noblesse de France est la partie épique de notre histoire nationale. C'est le poëme de Roncevaux, œuvre traitée à la façon d'Homère, continuée jusqu'à nos jours. Quatre chevaliers d'un caractère et d'une façon d'être accomplie, Roland, saint Louis, Duguesclin et Bayard, et quatre époques fameuses, lui ont acquis une gloire incomparable : Charlemagne et ses preux, ou la période légendaire et héroïque, dont les souvenirs remplissent le moyen-âge ; l'invasion de l'Angleterre par sa chevalerie (1), les

(1) Toutes les provinces de la France actuelle fournirent leur contingent à l'armée de Guillaume, dont ils formèrent la presque tôtalité. Il s'y trouvait quelques Flamands et Belges de la rive du Rhin. La Normandie était déjà toute française, sinon de fait, du moins par ses mœurs et ses tendances. Le chant de Roland fut entonné par l'armée, et après la conquête, dit Ingulfe de Croyland, les vainqueurs voulurent que les lois du pays, les statuts des rois anglais ne fussent plus cités que dans la langue française. Ils voulurent qu'on l'ensei-

croisades et le siècle de Louis XIV. De nos jours, Latour d'Auvergne, surnommé le premier grenadier de France, Desaix, les maréchaux Macdonald, Davout et Bugeaud, le général Lamoricière, témoignent hautement que, malgré son déclin, la générosité de son sang et l'intelligence de la pensée n'ont pas dégénéré en elle.

Un mot magique qui vient d'elle, qui semble avoir été fait pour elle, et qui a passionné des millions de cœurs, qui l'a consolée et soutenue au milieu de ses grandes infortunes, alors que tout lui manquait, ce mot enfin : l'honneur !.. elle l'a imposé à des langues rivales et à la révolution elle-même.

Ces gentilhommes « prompts, gaillards, actifs et toujours en cervelle, » ne sont plus; la vieille France est tombée ! *Ruit alto a culmine troja !*

Familles traditionnelles de France, de toutes les classes et de toutes les conditions, c'est à vous qu'appartient l'honneur de conserver ce qui reste de nos immortelles traditions. Les révolutions passent, mais ce qui ne passe pas, ce sont les principes conservateurs ; il attendent leur heure, qui revient toujours. Si, à Dieu ne plaise, l'ingratitude de vos concitoyens persiste, elle

gnât dans les écoles et qu'on renonçât absolument à écrire en anglais ; qu'on ne se servit que du français dans les chartes, comme dans les livres.

En transportant les mœurs, les lois, la langue de la France en Angleterre, les vainqueurs semblèrent vouloir donner en quelque sorte l'île à la nation. L'armée conquérante ne devait pas dépasser de vingt-cinq à trente mille hommes. (Voir l'historien Sismondi).

n'empêchera pas les pierres, les monuments que l'on rencontre sur tous les chemins du monde, de dire à jamais les grands faits et gestes de la vieille France.

Unissons nos efforts, tous tant que nous sommes, qui voulons le salut de la patrie en péril, pour repousser les envahissements de cette démocratie républicaine, avide autant que haineuse, qui non satisfaite de nous asservir à ses doctrines avilissantes, veut substituer son jargon grossier à notre belle langue, sa fausse et présomptueuse raison à la vieille raison de nos pères, brillante et claire comme l'épée que brandissaient leurs bras.

TROISIÈME PARTIE

LA FRANCE NOUVELLE

CHAPITRE IX.

LA NOUVELLE FRANCE

L'INDIVIDUALISME.

CONSIDÉRATIONS SUR LA RESTAURATION. — 1830.

L'EMPIRE. — LE COMTE DE CHAMBORD.

Ainsi que nous l'avons vu, la France ancienne s'est formée et développée sous la triple influence de la religion, de la royauté et de l'esprit de famille, suivant en cela les traditions constantes du genre humain.

La France moderne, au contraire, se pose en adversaire de ces principes essentiels. Elle rejette la tradition et veut nous conduire au progrès indéfini par l'autorité, moteur, selon elle, de toute civilisation. Son dogme est la raison pure, qui aboutit à l'émancipation complète de l'homme, à l'individualisme. C'est Ajax qui, dans sa folie présomptueuse, défie Jupiter.

Sans doute, le principe moderne de l'individualisme a produit des choses utiles, et, plus juste que nos adversaires, nous ne méconnaissons pas certains avantages de la transformation sociale qui s'est accomplie et qui, d'une société multiple, fractionnée, embarrassée d'une foule de juridictions, a fait une société unique, soumise à la loi. Ce que nous condamnons, c'est l'abus du système qui a amené la complète déchéance de la personnalité et l'absortion de la vie communale et de la cité, au profit de l'autorité centrale et de la ville de Paris, où fourmille une population cosmopolite, sans liens communs, au sein de laquelle, selon Mirabeau, « la démagogie frénétique y est tellement invincible, qu'au lieu de chercher à changer sa température, ce qu'on n'obtiendra jamais, il faut s'en servir pour détacher la province de la capitale. »

L'individualisme, en effet, comme l'entend la révolution, n'est pas la liberté, mais bien l'asservissement des masses populaires. L'individualité humaine a ses bornes; il faut qu'elle soit formée et qu'elle trouve ses garanties dans le cercle de la commune et de la cité. L'individu placé en face de l'Etat, sans le contre poids salutaire des libertés locales, est un grain de sable isolé, bientôt absorbé par la puissance collective de la nation. Pour naître et croître avec indépendance, la personnalité doit puiser sa force dans la propriété ou dans le travail honnête, sous la sauvegarde des libertés locales. Mais, nous dira-t-on, l'école moderne admet, comme vous le principe de l'association, et plus que vous, elle le veut général, universel. C'est justement dans cette distinction entre l'association restreinte, réglée, et l'association universelle que se trouve l'abîme qui nous sépare.

M. de Tocqueville a bien saisi la nuance, quand il dit avec autant d'éloquence que de bon sens : « Une société dont le but est avoué, conforme à la raison et à l'intérêt public, est un citoyen éclairé, puissant, qu'on ne saurait plier à volonté ni opprimer dans l'ombre, et qui, en défendant ses droits particuliers, sauve la liberté commune. » Il ne faut pas se le dissimuler, surtout à l'heure où le danger social est si manifeste, les mots d'association et de solidarité universelles, servent à cacher et à dissimuler les utopies du saint-simonisme et du fouriérisme, dont le dernier mot est la négation de toute religion, de toute morale et de la propriété individuelle.

« La réalisation d'un pareil système, s'écrie Lamennais, conduirait les peuples à une servitude telle que le monde n'en a point encore vue, réduirait l'homme à n'être qu'une pure machine, un pur outil, et l'abaisserait au dessous de l'animal. » (1).

La science moderne, quoi qu'en disent nos adversaires, est peu sympathique à la classe ouvrière, qu'elle traite comme l'esclave de l'antiquité, tandis que le chrétien lui-même l'entoure de respect.

Nous avons déjà dit que de regrettables abus s'é-

(1) « Une société semblable emprisonnée dans un mécanisme contre nature, ressemblerait à des huitres attachées côte à côte, sans mouvement ni sensibilité, sur le roc de la fraternité ! » — PROUDHON.

taient introduits dans les corporations, associations de l'ancienne France, et parurent justifier, aux yeux de la nation mal éclairée, leur suppression qui fut décrétée par la Constituante. La passion fit oublier à nos législateurs tout ce qu'il y avait de bon et d'utile en elles, en sorte qu'en décrétant l'émancipation absolue de l'individu, sans lui conserver les garanties nécessaires, ils ne s'aperçurent pas qu'il protégeaient l'exception et portaient atteinte aux droits et aux intérêts du plus grand nombre. La personnalité éminente s'est fait jour et a agrandi le domaine de son importance, mais la personnalité secondaire s'est trouvée isolée, sans protection, livrée aux vices que produisent l'instabilité, l'imprévoyance et la misère.

Cependant, la révolution dominée un instant par Napoléon, reprit au moment de ses revers sa marche ascendante. Loin d'offrir au grand vaincu, comme l'avait fait l'armée vendéenne, son concours pour chasser l'étranger de notre territoire, elle précipita sa chute et le jeta dans le découragement qui amena son abdication.

Toutefois, n'ignorant pas l'invincible répugnance de la nation pour la république, cause de ses maux, la révolution se fit plus correcte et se prit, en attendant mieux, d'un amour passionné pour le régime constitutionnel, parlementaire, dont l'Angleterre offrait le parfait modèle. Son succès dépassa son attente. Les républicains, les bonapartistes, les légitimistes eux-mêmes, acceptèrent avec empressement ces nouvelles doctrines ; les uns pour faire acte d'hostilité au pouvoir, les derniers par un entraînement irréfléchi.

Aussi Louis XVIII, à son avènement au trône, trouva-t-il l'opinion publique disposée à en faire l'essai. Il est probable que cette disposition qu'il ne pouvait ignorer, exerça une influence importante sur son esprit et lui fit faire des concessions qui perdirent plus tard la monarchie. Il avait eu la généreuse pensée de réunir en un faisceau tous les nobles souvenirs, toutes les aspirations légitimes de la société moderne, autrement dit de réconcilier la France ancienne avec la nouvelle par l'accord de la liberté avec la tradition.

Il consacra, dans sa charte, l'intervention de la nation dans les affaires, dans la puissance législative, l'hérédité du trône, le vote de l'impôt, l'égalité devant la loi, les libertés individuelles et politiques, la liberté des cultes; mais ces doctrines par trop nouvelles en France, ne furent pas comprises par le gros de la nation, dont les idées politiques et sociales avaient été profondément altérées et qui, à peine sortie d'une organisation toute puissante, était habituée à être plutôt administrée que représentée. Le roi lui-même, subit trop l'influence du moment et ne sut pas s'arrêter là où il le fallait. Il comprit, mais trop tard, que la forme constitutionnelle parlementaire n'avait chance de réussir en France qu'avec une aristocratie, des traditions monarchiques et hiérarchiques et des habitudes de libertés communales qui n'existaient plus.

D'ailleurs, nous aimons ce qui est clair, net, précis, à

sentir la main qui dirige, et le gouvernement parlementaire s'ingénie à établir une espèce d'équilibre entre le bien et le mal, entre le oui et le non. La civilisation, pour lui, est le résultat de forces contradictoires qui se heurtent, sans qu'un principe d'unité les domine, ni qu'un but précis leur soit assigné : c'est l'anarchie morale et intellectuelle appliquée.

On nous objecte l'Angleterre, mais l'Angleterre justifie nos appréhensions à l'égard de ce régime. Est-ce que la différence entre les caractères et les mœurs des deux nations n'est pas cent fois plus grande que l'espace qui les sépare géographiquement? L'Angleterre, malgré les divisions que lui a fait subir la réforme, n'a connu que très imparfaitement l'influence du libéralisme dans ses institutions politiques. Les anciennes formes n'ont cessé de subsister, les mots et les choses ont conservé leur ancienne valeur et la Royauté possède toujours son prestige sur la nation. On peut sans danger, du moins jusqu'à ce jour, être whigt ou tory, faire de l'opposition ou de la conservation, parce que les dissidences, entre les deux grandes fractions du pays, n'atteignent en rien les bases essentielles de la société anglaise. Ce sont des différends de famille qui se passent en famille, et rien de plus. Combien la situation est différente en France! Nous avons fait litière des principes conservateurs ; les doctrines les plus audacieuses ont cours partout et sont accueillies avec ardeur par les masses populaires égarées. La fortune, la naissance, l'instruction, la gravité même dans l'homme, n'en préservent pas, et l'on voudrait faire entre les deux pays une assimilation impossible. D'ailleurs, le régime anglais a eu des phases diverses. Durant le premier siècle de son existence, il fut pratiqué avec une rigueur inouïe, et la presse notamment eut à subir une législation draconienne. Et chose singulière, cette législation dure toujours et, quoique exceptionnellement employée, elle est comme une tolérance armée, qui peut, au besoin, recevoir son application.

Si nous insistons sur les dangers que présente le gouvernement parlementaire, c'est que nous le croyons radicalement contraire au génie de la nation. En concédant qu'il soit applicable dans une société organisée de longue date comme en Angleterre, il est absolument insuffisant quand il fonctionne au sein d'une société comme la nôtre, dont l'éducation est centralisatrice et révolutionnaire. Le pouvoir nominal appartient bien au Roi, mais le vrai, le pouvoir effectif est dans les mains des assemblées. La résistance est toujours supérieure au commandement, en sorte qu'aux yeux de la nation, le souverain est un être abstrait, sans initiative, ni volonté, et partant sans prestige. Mais l'action de nos assemblées législatives n'est pas renfermée uniquement, comme en Angleterre, dans la sphère des institutions politiques : elle s'exerce, grâce à la centralisation, sur l'administration entière. Il en résulte que les administrateurs des départements sont réduits, ainsi que le constate l'expérience, à servir trop souvent les intérêts et les passions de nos législateurs, de préférence aux intérêts généraux. Cette ingérence inévitable, qui a justement irrité le pays, a compromis et compromettra sans cesse ce régime.

Toujours est-il que Louis XVIII donna assez de libertés pour permettre à ses adversaires de renverser la constitution et le trône, mais pas assez pour les défendre. L'antagonisme s'établit entre la souveraineté nominale du Roi et la souveraineté effective des deux Chambres.

Le commandement n'étant plus obéi, la Restauration dut tomber, laissant un renom de probité exemplaire, de dignité et de fermeté au dehors, mais de trop confiantes illusions et de ménagements sans vigueur, à l'intérieur.

Une autre circonstance accéléra sa ruine. La Restauration, en prenant le pouvoir après nos désastres militaires, fut en lutte ouverte avec le sentiment national d'une partie de la nation, qui la faisait complice de l'étranger. Cette odieuse calomnie habilement exploitée par la révolution, porta coup, et une fois de plus, les Bourbons reprirent le chemin de l'exil, avec cette grandeur toute royale dont ils semblent s'être réservés le secret.

Cependant la masse de la nation était restée favorable à l'idée monarchique. Les révolutionnaires de l'époque, qui ne l'ignoraient pas, espérèrent donner le change au pays en proclament bien haut que la France venait de renverser à jamais la monarchie légitime, qu'ils décoraient dédaigneusement du titre de royauté traditionnelle et de droit divin, qui n'avait pu, disaient-ils, supporter le poids des libertés modernes. Beaucoup y furent pris; mais les événements, conséquences des principes, ne répondirent point à leur attente. La logique fit son chemin, et le régime élevé de par le droit de l'insurrection et des majorités éphémères, fut jeté bas, au nom de ces mêmes principes.

Rien n'a manqué à ce gouvernement pour obtenir la durée. A sa tête se trouvait un prince d'une capacité peu commune, entouré d'une famille des plus sympathiques; le talent, la naissance, une foule de supériorités se mirent à son service, mais à ce monument imposant les fondations firent défaut : bâti sur le sable, il n'a pu supporter l'effort de la tempête.

C'est de cette époque que la politique nouvelle appelée libérale, comme si la politique pouvait se régler sur les sentiments, prévalut et se substitua à celle du temps et des vrais intérêts du pays. Nous fîmes ou crûmes faire des alliances libérales que de cruelles expériences ont vite démenties; et sous cette influence, nous nous prîmes d'un fol amour pour tout ce qui était d'importation étrangère. La bourgeoisie opulente et cultivée s'empressa d'emprunter à l'Angleterre son luxe aristocratique et ses idées en une foule de choses, compatibles avec les mœurs de cette nation insulaire, où tout est démarcation, mais désastreux pour la société française, chez laquelle règne une démocratie avancée qui exclut toute hiérarchie. Les esprits judicieux s'inquiètent aujourd'hui des ravages que cette importation a faits sur nos mœurs et nos habitudes d'autrefois.

Le courant révolutionnaire n'étant plus endigué, devait tout envahir. Les attentats contre la religion, contre tout ce qui constitue et sauvegarde la société, s'accusèrent de plus en plus. L'autorité et la liberté furent avilies, et chose aussi triste que nouvelle, l'indifférence en matière d'individualité nationale, commença à prévaloir sur l'amour de la patrie, sacrifié à l'idée absurde et chimérique du culte de l'humanité. Les événements de 1870 et 1871 nous ont révélé l'étendue du mal.

On se souvient des désordres qui résultèrent de la chute du roi Louis-Philippe. Les journées de juin, les extravagances d'une presse en délire, les instincts du peuple, qui veut avant tout un gouvernement fort, créèrent l'Empire.

Ses premiers essais nous parurent si brillants que nous crûmes au retour de nos grandes époques. Le Panthéon rendu à la religion, la protection accordée au Saint-Père, semblaient indiquer un ordre de choses dont l'Eglise et la France devaient bénéficier. Sans aucun doute, le prince qui dirigeait nos destinées a dû, plus que tout autre, se bercer de rêves d'or, alors que tout souriait à ses desseins.

Pourquoi n'aurait-il pas eu foi dans la mission dont une partie de la nation l'a cru un instant chargé. A l'apogée de sa gloire, n'aurait-il pas subi les éblouissements de la grandeur, qui sont trop souvent le partage des fortunes extraordinaires ? Pourquoi n'a-t-il pas pu, de par le droit nouveau, empereur légitime, se croire assez fort pour dire aux flots qui l'avaient porté sur le pavois : « Vous n'irez pas plus loin »? Napoléon III a succombé sous l'influence de son origine, qui ne lui a pas permis de lutter avec avantage contre les exigences toujours montantes de la révolution. Il avait tous les instincts de la tradition française, mais il se sentait débordé par son principe.

Ce prince infortuné en est mort victime, entraînant avec lui dans l'abîme la France toute entière. Dans les heures de recueillement que Dieu donne souvent à l'homme frappé de la foudre, il se sera rappelé le mot révélateur du premier empereur qui peint si bien la situation : « Si j'étais mon petit fils ! » Quel hommage rendu au principe de l'hérédité et que ne se serait-il pas produit dans les destinées du monde, si ce vaste génie avait été l'héritier des rois ! Principes, fondements, assises des sociétés humaines, sous votre action tutélaire, les individus, comme les familles, comme les cités, comme les plus grands empires, se développent et prospèrent, tandis qu'en dehors de votre bienfaisante influence, tout se confond, tout périt !

La chute de l'empire, dont la puissante organisation semblait défier tous les efforts de la révolution, a été le résultat de causes multiples dont la source est toute révolutionnaire. Sorti de la révolution, il en a été la victime, et cependant nous l'avons admiré sous un génie sans pareil, et, de nos jours, sous un prince qui a tout fait pour la contenter par le développement inconsidéré des appétits matériels. Atteint de l'infirmité originelle qui en avait fait un pouvoir nouveau, mobile et sans racines profondes, mal défendu contre les attaques de la révolution dont il procédait et qu'il éternisait, il était forcé d'être toujours heureux et d'aller toujours en avant, sous peine de déchéance. Mais que dire de ce suffrage universel tel qu'il est composé, qui l'éleva et le renversa avec tant d'ignominie ? Que penser de cette espèce de Pantagruel monstrueux, cent fois plus stupide et odieux que le Saturne de la fable, qui, du moins, savait ce qu'il faisait quand il dévorait ses enfants, tandis que l'autre n'en a pas la conscience ?

Les hommes du 4 septembre, portés au pouvoir par la multitude cosmopolite de Paris, écho affaibli du suffrage universel, acheva notre décomposition politique et sociale. A partir de ce jour, nous avons offert au monde le spectacle le plus affligeant. Au lieu de nous recueillir dans la dignité de nos malheurs, comme l'a fait le peuple russe avec tant d'honneur pour lui, nous nous sommes jetés, avec l'ardeur qui nous caractérise, dans toutes les extravagances d'une vie de dissipation et d'une politique non moins folle.

Convaincus par les affirmations quotidiennes de la presse républicaine, secondée par une certaine presse de Berlin, que tout était pour le mieux, et que notre régénération faisait l'admiration générale, nous avons dépassé en ce genre toutes les bornes du possible. « Vous nous scandalisez, » nous disait, il y a cinq ans, un ministre d'une cour d'Europe, sympathique à la France.

La nation, dans une lueur de bon sens, avait élu une assemblée dont la majorité était monarchique. Le sang des otages, l'horrible siége de Paris, l'incendie de nos monuments, les menaces réitérées qui nous venaient de la Prusse, tout nous ordonnait de songer enfin à la France et à constituer la monarchie unie et reconcillée, dont l'heure était venue pour tous les gens de bien. Les yeux tournés vers Froshdorf, chacun attendait avec anxiété la nouvelle du rapprochement des deux branches de la maison de France. Le comte de Chambord, plus que personne, le désirait. L'éloignement, l'incertitude des esprits, les oppositions occultes retardèrent la démarche définitive, qui fut faite trop tard. D'ailleurs, l'heure était-elle venue de songer à un rapprochement ? Nous en avons toujours douté ! Les princes d'Orléans, fidèles au pieux souvenir de leur père qui, à la clarté de la mort, leur avait recommandé l'union tant désirée avec la branche aînée, y étaient portés par instinct et par leurs intérêts, mais ils n'ignoraient pas qu'ils avaient à compter avec le gros de leur parti, résolu, comme il l'a prouvé, à rompre avec eux plutôt que de subir ce qu'il appelle encore les exigences du comte de Chambord. La fusion, pour cette majorité, traduisait très bien sa pensée favorite, constante, qui est le retour aux doctrines de 1830, c'est-à-dire à la monarchie sans le monarque. Le mot « infusion, » que nous avons trouvé dans un journal de Paris, aplanissait au contraire toutes les difficultés, mais c'était la soumission de ce parti qui manqua, dans cette occasion suprême, de la vertu nécessaire pour cela.

C'est dans ces jours de déception et de tristesse que l'on a pu voir combien la situation morale de la société française est douloureuse. Les compétitions, les rivalités, les luttes des partis, tout un ensemble qui rappelait l'époque des discussions bysantines, ne put se calmer en présence de cette question nationale. Et néanmoins, dans cette assemblée, les conservateurs pris isolément, voulaient le bien, étaient disposée à faire les concessions désirables; mais, groupés et participant à la vie collective, ils ne s'appartenaient pas, ils subissaient le sort du malheureux que l'engrenage d'une machine entraîne et broie.

Les bonapartistes voulaient revenir à l'empire, les constitutionnels à 1830, les royalistes au comte de Chambord. Dans ce chaos d'idées et de projets, les constitutionnelsorléanistes se sont cruellement trompés, et ils s'en apercevront bientôt, s'ils ne le voient déjà. Le temps des transactions est passé, et penchant à droite comme ils le devaient, ils auraient continué à former un parti considérable dans la nation, avec lequel la royauté se serait entendue sans aucune défiance. Au lieu de cela, ils ont prêté leur concours moral et politique aux couches inférieures, conduites par M. Gambetta à l'assaut de la société, déplaçant ainsi l'axe de l'opinion publique, contrairement à leurs intérêts et à ceux de la France. On sait le reste : de cet état de choses naquit le septennat, fruit amer de déception ou d'espoir lointain pour les uns ou les autres, et pour tous, un nouveau sujet de dissentiment. Créé pour des solutions diverses et contraires, il est tombé, comme tomberont ses pareils, sous l'influence mortelle du provisoire, de la légalité et du droit des majorités.

Quoi qu'il en soit, l'opinion du pays, en dehors de celle produite par les agitateurs, persistait dans ses dispositions royalistes, et c'est alors que quelques personnages politiques se résolurent, en 1873, à tenter une restauration monarchique en faveur du comte de Chambord.

Assurément, à ce moment-là, les résistances eussent été frappées d'impuissance par de l'accord et de la décision. Les populations, qui avaient le sentiment de ce qui se préparait, acceptaient, les unes avec ardeur, les autres avec une déférence qui donnait bon espoir, le projet en question.

A l'étranger, en dehors de la Prusse, les gouvernements ne dissimulaient pas leur satisfaction. Chacun en France attendait avec une émotion facile à comprendre le télégramme qui devait annoncer au monde la grande nouvelle ; c'eût été une grande et non moins heureuse nouvelle que l'avènement du descendant de nos rois, dans ces jours d'épreuves à l'intérieur et d'humiliation à l'extérieur.

Que se passa-t-il au sein de cette majorité si bien disposée en apparence ? D'où partit le coup qui changea un triomphe, considéré comme certain, en un revers désastreux ? Les uns gardent un silence plein d'amertume, les autres y veulent voir un malentendu, ce sont les modérés ; mais beaucoup, parmi ces derniers et ailleurs, ne craignent pas d'en faire peser toute la responsabilité sur le prince et font de la question du drapeau le prétexte plausible.

Nous n'aurions pas songé à protester contre cette fausse allégation, si nous ne savions combien elle a été d'une part pénible pour le cœur du comte de Chambord, et de l'autre fâcheuse à la royauté, en représentant le prince comme décidé à tout sacrifier à un intérêt personnel mal compris.

Cependant la vérité frappe par son évidence. Le comte de Chambord, avec sa loyauté ordinaire, n'a trompé personne, et il a invariablement répondu aux divers porteurs de propositions, qu'il était prêt à tous les sacrifices que l'intérêt de la nation exigerait et qui seraient compatibles avec ses devoirs, mais qu'avant tout, le rétablissement de la monarchie, c'est-à-dire la reconnaissance du droit, devait être l'indispensable commencement de toute solution. « Le reste, ajoutait-il, viendra de soi. Je m'explique : ni charte imposée, ni charte octroyée, charte délibérée. Quant au drapeau, c'est une question à débattre entre le peuple et moi, mais je n'enfermerai pas clandestinement dans mes bagages le glorieux étendard de mes ancêtres. Je n'effacerai pas ce que j'ai écrit, ne voulant pas marchander mon trône au prix d'une honteuse apostasie. »

Ce langage qui rayonne de clarté et de grandeur, ne pouvait faire naître le moindre doute dans l'esprit des députés qui auraient agi sans préoccupation aucune. Il était d'ailleurs la confirmation des écrits de toute la vie du prince et des déclarations sans cesse renouvelées qu'il avait faites, soit en France, soit sur la terre étrangère. Aussi la droite acceptait-elle purement et simplement les propositions royales, se fondant avec raison sur la parole et le caractère du prince, avec lequel on ne pouvait pas sans inconvenance, marchander. Elle n'admettait pas qu'il pût arriver à la suite des compromis, des pourparlers entre groupes parlementaires, des petits papiers échangés, des votes arrachés à la faiblesse ou à l'ambition, devenu ainsi l'homme de trois ou quatre groupes de l'Assemblée et nommé comme un ministre, et non comme un roi. Elle pensait que la France devait traiter avec lui, la main dans la main, certaine qu'elle aurait reçu plus qu'elle ne demandait. Mais une fraction du centre droit, les parlementaires, exigeait des garanties. Le vieil esprit de 1830 reparaissait avec ses prétentions et ses méfiances, et c'est alors que la question du drapeau, subrepticement soulevée, discutée et commentée par une presse officieuse, compromit tout et permit aux rares auteurs de l'intrigue, dans cette défaite nationale, de faire bonne retraite, du moins ils le disent, devant un public tenu dans l'ignorance ou l'erreur.

La question du drapeau, présentée très-habilement par ses adversaires comme tout-à-fait personnelle au comte de Chambord, et par laquelle, par un sentiment respectable, mais hors de propos, il mettait ses préférences au-dessus des intérêts du pays, donnait au prince une attitude aussi étrange que compromettante. Acculé dans cette impasse, ces messieurs avaient lieu de croire qu'elle amènerait forcément l'abdication du prince, ce qui eût comblé leurs vœux, ou son consentement à être, comme il le disait spirituellement, le roi légitime de la Révolution.

« Nous n'avons jamais voulu faire roi M. le comte de Chambord, » écrivait un député bien connu ; « nous « l'avons mis au pied du mur, ou, si vous voulez, au « pied du trône; nous voilà libres maintenant. Le tour « de nos princes est venu. » Cette lettre échappée à la conscience, dans l'abandon de l'intimité, en dit assez pour ne laisser aucun doute dans l'esprit de tout homme impartial. Du reste, le bruit que la presse officieuse fit au sujet du drapeau sentait singulièrement la comédie. On comprenait que c'était joué et qu'un mot d'ordre avait donné le ton et l'heure.

Personne plus que nous ne respecte le culte du drapeau, et nous comprenons que beaucoup de gens tiennent à l'étendard tricolore, malgré les crimes qui ont ensanglanté sa naissance, malgré ses malheurs, à cause même de ses malheurs. Nous honorons les regrets, l'émotion que cet abandon eût fait naître, même en échange du glorieux drapeau de nos pères. Il y a là, comme nous l'avons déjà indiqué, un point d'honneur à vider à l'amiable, entre deux partis qui s'estiment ; mais ne souffrons pas que, par des calculs intéressés ou des prétentions peu avouables, on vienne faire l'obscurité sur un état de choses parfaitement clair et net.

Le comte de Chambord, en tenant si vaillamment à son drapeau, qui est aussi le nôtre, manque-t-il à la France, et l'emblême, objet de la discussion, a-t-il voulu l'imposer, sans se soucier des regrets sincères des uns et des sympathies discutables des autres ? Rien, dans ses manifestes et ses conversations, ne donne lieu à le penser. Il salue, au contraire, le drapeau teint du sang de nos soldats et, pour l'avenir, il se réserve de proposer au pays une solution compatible avec son honneur et qu'il croit de nature à le satisfaire ; ménageant ainsi à la fois les susceptibilités de la nation et les siennes.

Et remarquons-le bien, ce n'était pas dans l'émotion irritante de la discussion qu'il tenait pour la première fois ce langage ; déjà, en 1877, il adressait au duc de Nemours, dans un style digne de lui, ces belles paroles : « Je n'ai pas douté de votre dévouement aux principes monarchiques ; personne ne peut mettre en question mon attachement à la France, mon respect de sa gloire, mon désir de sa grandeur et de sa liberté. Ma sympathique reconnaissance est acquise à tout ce qui s'est fait par elle, à toutes les époques, de bon, d'utile et de grand. Ainsi que je n'ai cessé de le dire, j'ai toujours cru et je crois toujours à l'importance de régler dès aujourd'hui, et avant le moment où la Providence m'en imposerait le devoir, des questions qui résoudront les intérêts et les vœux de mon pays. Ce n'est pas loin de France, et sans la France qu'on peut disposer d'elle. »

On aura beau équivoquer, le comte de Chambord n'en reste pas moins dans la vérité, et jamais on ne nous persuadera que la question du drapeau, qui est essentiellement une question d'honneur, partant une question réservée, puisse et doive se traiter sous le manteau de la cheminée, par quelques députés, privés du mandat pour cela, sans la participation de la France et de l'armée si directement intéressées. Les affaires de cette nature ne s'arrangent pas de la sorte, et le comte de Chambord avait alors, comme aujourd'hui, le droit et le devoir d'en demander la solution au pays bien informé. Les personnages qui ont fait surgir si intempestivement cette question du drapeau, ont non-seulement éludé leurs engagements, mais il ont usurpé un pouvoir qui n'appartient qu'à la nation. Il s'est confirmé que, dans toute cette triste affaire, la Prusse y a joué un rôle aussi impérieux qu'humiliant pour notre dignité.

Les organes de la presse républicaine qui recevaient le mot d'ordre de Paris et de Berlin, n'ont cessé, pendant la durée de l'intrigue, de nous effrayer de l'invasion prussienne, si nous venions à abandonner la forme républicaine, et des désastres incalculables qui en seraient la conséquence. L'esprit sectaire des hommes qui disaient dans la première révolution : périssent nos colonies plutôt que le principe, et de nos jours : la république vaut l'Alsace et la Loraine, s'est révélé de nouveau sous une forme non moins odieuse.

Mais ce qui a douloureusement affecté le cœur du prince, c'est de savoir que beaucoup de gens, et des meilleurs, n'ont pas craint de rejeter sur lui toute la responsabilité de la non-réussite de ce projet, disant qu'il aurait dû accepter les propositions, ou plutôt les conditions qu'on lui imposait, quitte à en faire, une fois sur le trône, le cas qu'elles méritaient ; en un mot, manquer à sa parole et à des engagements pris à la face du monde. En vérité, si cette politique se tolère pour les ambitieux sans frein et sans règle, est-elle acceptable par celui qui se déclare avec une si légitime autorité, le représentant des principes conservateurs. Poser la question c'est la résoudre. Le comte de Chambord est de l'école de saint Louis ; il en a le caractère et le patriotisme, on ne le changera pas.

Quoi qu'on en dise, la politique clairvoyante n'y a rien perdu, pas plus que l'honneur, et nous osons affirmer que sa conduite dans cette circonstance si émouvante, a été le fait d'une rare sagesse. Si le comte de Chambord fût devenu, par la grâce de la majorité si peu unie, le roi qui règne et ne gouverne pas, et eût été forcé de vivre parlementairement, il n'eût pas tardé à perdre tout son prestige et à se trouver dans la nécessité de tenter un coup d'Etat impossible, ou d'abdiquer inévitablement, après avoir assisté, dans une impuissante et humiliante responsabilité, à la ruine morale et matérielle de son pays. Par sa situation personnelle, sa chute ne pouvait pas être un accident vulgaire de peu d'importance ; c'eût été un désastre national, qui nous eût privés à jamais du principe monarchique héréditaire traditionnel qui seul peut sauver la France.

Quoi qu'il en soit, le comte de Chambord, par son refus, laisse debout et intacte la question monarchique, qui reviendra à son heure. Elle a subi un échec, il est vrai, mais elle a fourni au prince l'occasion de montrer, une fois de plus, combien est grand l'homme qui, tout entier à ses devoirs, sait unir à la pénétration de l'esprit, le calme et l'énergie sereine de l'âme.

CHAPITRE X.

LA RÉPUBLIQUE ACTUELLE.
LA MONARCHIE TRADITIONNELLE.
PROGRAMME DE CETTE MONARCHIE.

Ainsi, grâce à nos divisions, la république a été de nouveau confirmée à la majorité d'une voix. Cela est peu et beaucoup. Ce vote auquel elle ne devait pas s'attendre, la rendra-t-elle plus sage ? Il est permis d'en douter en présence de faits et de symptômes d'une gravité significative. Cependant, que de promesses n'a-t-on pas faites pour nous la faire accepter. On nous a dit qu'elle serait aimable, athénienne. Passe pour aimable, la dernière perspective ne saurait nous sourire. La république d'Athènes fut, sans contredit, une des plus pitoyables formes de gouvernement de l'antiquité. Tout y était livré à l'arbitraire et aux caprices d'une démocratie qui faisait mourir du poison ou frappait d'ostracisme les personnalités qui avaient le malheur de dépasser le niveau commun. Ce gouvernement, dont les principaux membres furent surpris si fréquemment en correspondance avec les ennemis de la patrie, n'eût guère prolongé son existence, sans l'appui qu'il trouva dans le principe religieux et traditionnel, qu'il eut l'habileté de respecter, et que la démocratie française rejette avec dédain.

La république française, telle qu'elle est constituée, est, à tous les points de vue, une anomalie choquante, sans avenir possible. Le bon Plutarque compare un système pareil à une ville qui se bâtirait dans les airs. C'est un contre-sens jeté comme défi au bon sens, et qu'une nation saine n'aurait jamais accepté. Nos législateurs ont pris toutes les infirmités, en les exagérant, de ce régime si peu solide, et repoussent systématiquement les qualités qui ont fait sa durée. Nous avons le droit de nous effrayer du sort que nous réserve cette conduite. L'avenir procède du passé !

Saus rappeler les six jacqueries qui devancèrent celle de 93, la complicité de ce régime durant ces mortelles années ; sans nous arrêter aux horreurs de l'insurrection de 1848 et de la Commune de Paris en 1871, aux violences à peine contenues de nos gouvernants actuels ; à ce qui a bien sa valeur, à savoir que tout ce qui est hostile à la religion, à l'autorité et à la loi est républicain ou se dit tel, est-il admissible qu'un grand pays comme le nôtre, entouré de voisins puissants et ambitieux, soit assez insensé pour remettre le soin de sa sécurité à une forme de gouvernement qui le compromet le plus, par son isolement forcé au milieu d'une Europe monarchique ?

Rome elle-même, malgré sa savante organisation, avec son oligarchie, ses traditions, ne put garder la modération sous le gouvernement républicain, et moins encore la concorde. La République française, plus favorisée, trouvera-t-elle en elle assez de force pour empêcher les sectaires qui abondent, en république, de donner cours, dans le triomphe, à leurs chimères si compromettantes pour tous nos intérêts ? Tel qu'il est, s'exerçant sous l'empire d'une démocratie qui fait de l'anarchie sa formule politique et du peuple un souverain unique et absolu, le principe républicain conduit au règne inconscient, absurde, du nombre et à la décomposition sociale. Aujourd'hui il pourra, si c'est son bon plaisir, nous permettre de vivre sous les auspices d'une légalité suspecte; demain, au nom de cette même légalité, il nous refusera jusqu'à l'existence. Enfin, un fait d'une gravité exceptionnelle et qui semble passer inaperçu à notre génération distraite et légère, appelle toute l'attention de notre patriotisme. La révolution ne s'est pas contentée de nous faire perdre notre prépondérance politique dans le monde, elle achève de porter le dernier coup à cette civilisation toute française, qui était le résultat séculaire de ces formes charmantes, courtoises et bienveillantes dont nous avions seuls le secret. La démocratie républicaine lui substitue des habitudes, des mœurs et une éducation qui se traduisent par un langage étrange que les peuples civilisés ne sauraient accepter.

Les Grecs, conquis par les Romains, les conquirent à

leur tour par leurs arts, leurs mœurs adoucies et leur admirable langue. Nous ne pouvons plus avoir cette prétention. Notre niveau de sociabilité a descendu avec la note tonique du pays, et l'impulsion, au lieu de venir d'en haut, nous vient d'en bas. Nous sommes menacés de devenir en peu d'années, avec le déshabillé qui nous caractérise, un peuple sans consistance, parce que nous n'avons pas, comme les nations qui vivent en démocratie, la tenue qu'elles puisent dans leur tempérament. La monarchie, par son grand air et ses formes royales, maintenait sur un ton élevé la démocratie française; aujourd'hui que le modérateur n'existe plus, elle déborde de toutes parts, entraînant avec elle les qualités aimables qui distinguaient notre race.

A l'appui du régime républicain, on nous cite l'Amérique et la Suisse. Mais qu'est-ce que la république américaine, si ce n'est une agrégation démocratique fort ébranlée par les intérêts divergents qui se combattent, et où l'amour de l'or : *auri sacra fames !* détruit les notions les plus élémentaires de la probité. L'espace, qui lui sert de soupape de sûreté, l'a préservée jusqu'ici des maux que lui préparent les infirmités radicales dont elle est atteinte, mais cette faculté de s'étendre deviendra la cause de sa division et de sa transformation politique.

La Suisse, ce petit pays, que sa neutralité, garantie par les puissances, et son fédéralisme cantonal protégeaient contre toute atteinte, subit à son tour la loi de la démocratie pure. Plusieurs nationalités sont établies sur son sol. Chaque canton possédait sa petite autonomie protégée par les mœurs et par les conventions internationales ou cantonales. C'est sur ce fait historique que s'est fondée sa fédération. A ce régime bien balancé et que le temps avait consacré, on a substitué l'unité individualiste de l'école française, qui conduit à la centralisation. De progrès en progrès, ce pays autrefois si respecté, à bon droit, en est venu à proscrire l'Eglise catholique, à confisquer ses biens, à expulser ses prêtres.

A Genève, la démocratie se défait même de l'Eglise nationale, brisant d'un coup son histoire et sa tradition. La Suisse marche à l'unité gouvernementale, qui lui prépare de grandes difficultés dans l'avenir.

A l'exception de la monarchie nationale traditionnelle telle que la voulaient nos pères en 89, nous avons essayé, usé et abusé de la monarchie constitutionnelle, de la république démocratique pure, de la république consulaire, de l'empire, de la monarchie parlementaire, de la monarchie avec la souveraineté du peuple, de nouveau de la république démocratique, de l'empire, de la dictature, du septennat, enfin de la république actuelle. En faisant une exception toute spéciale en faveur de la vraie monarchie, nous ne faisons qu'une œuvre de justice, puisque l'essai n'en a pas encore été fait en France : la Restauration n'ayant d'elle que l'hérédité et le nom, mais le reste appartenant à la révolution.

La monarchie nationale traditionnelle, qui est fondée sur les droits imprescriptibles de l'ordre naturel primordial, qui est faite à la ressemblance de la famille, qui, par une faveur providentielle, a échappé ainsi aux expériences de nos empiriques politiques, est l'unique forme de gouvernement qui réponde à tous les besoins, à toutes les convenances de la société moderne. Seule, elle a non-seulement le droit de concilier tous les intérêts anciens, dignes de respect, avec les intérêts légitimes de notre époque, par l'accord de la tradition et de la liberté; mais seule, elle est en mesure d'imposer la modération à la presse, sans quoi rien de bon n'est possible en France. Les régimes nés de la presse sont forcés de la subir; la vraie monarchie, qui n'a aucun engagement avec elle, la protégera, mais ne la subira pas; là est la différence.

La royauté traditionnelle est le phare lumineux destiné à dissiper les ténèbres épaisses qui nous environnent; et dans son ensemble, elle possède un prestige, un calme qui subjugue et qui tempère. A un peuple comme le nôtre, il faut une direction puissante et ferme, dont on sente toujours la main, sans en sentir jamais le poids.

Nos mœurs, notre caractère, l'esprit de prosélytisme qui nous distingue, et dont il faut tenir compte, notre position géographique, tout nous oblige à avoir un gouvérnement qui soit à la hauteur de notre mission dans le monde.

Le grand historien de Rome, frappé de l'insuffisance

du régime républicain, qui avait été plutôt la cause inspiratrice des divisions sanglantes de Rome que leur modérateur, épouvanté du gouvernement absolu des empereurs, se demande, à propos de Nerva, s'il ne serait pas possible d'établir l'harmonie et l'union entre la liberté et le principe autoritaire. Mais, à la pensée que l'hérédité et la tradition n'existaient pas, cet esprit éminent se trouble et constate avec douleur son impuissance à fonder le gouvernement qui devait, selon lui, réaliser l'idéal des gouvernements.

L'autorité la plus souveraine, en effet, sans l'hérédité et la tradition, qui sont le ciment destiné à relier d'une manière solide les parties du même tout, reste sans défense en présence des difficultés qui se prolongent et se trouve incapable de supporter le poids si lourd de la liberté. L'histoire ne nous donnerait pas cent fois raison, que le bon sens se chargerait d'en démontrer la vérité absolue. Nous l'avons déjà dit, n'est-ce pas par la force de la tradition que l'Angleterre s'est préservée de nos discordes et a pu perpétuer un état de choses qu'un souffle de l'esprit moderne aurait dû, ce semble, faire disparaître. Les nations du continent ne doivent-elles pas jusqu'à ce jour leur sécurité et leur grandeur à ces doctrines salutaires? La tradition monarchique est une loi d'instinct social que l'on retrouve partout, sous le chaume comme dans le palais. Si les hommes venaient à se taire sur ses bienfaits, nos places publiques, nos monuments et nos provinces perdues les proclameraient.

Hors de son principe, il n'y a plus de chef véritable, plus d'autorité consacrée; tout est mis en question sous l'empire de la force, de l'intrigue et de l'humeur capricieuse d'une opinion factice, ballottée en tous sens sur la mer orageuse de l'élection et du droit des majorités.

On comprend que l'excellence de cette forme politique ne pouvait échapper à l'œil pénétrant de son représentant, qui, par un privilége spécial, réunit en sa personne tout ce qui manquait aux empereurs de Rome, pour en assurer le succès. Quelle douleur patriotique est la nôtre, condamné que nous sommes à assister au navrant spectacle d'un peuple qui, d'un mot, peut réaliser le rêve de tant d'esprits éminents, et qui s'obstine dans sa défiance et dans un endurcissement qui serait le symptôme précurseur d'une fin prochaine, si toutefois ce peuple pouvait périr.

En résumé, la monarchie traditionnelle a l'incomparable avantage de représenter, tout à la fois, le passé et l'avenir de la France: elle en est comme le trait d'union nécessaire. Elle n'est pas, ainsi que nous l'avons dit, la restauration, encore moins la monarchie de juillet ; elle est ce qu'elle est, foncièrement française, distinction essentielle qui lui donne ce caractère particulier, exceptionnel, d'une forme politique qui s'est préservée de toutes les expériences par lesquelles les autres ont succombé. Ainsi pendant que les républicains cherchent à démontrer que tous les essais de gouvernement ont été faits sans succès, elle, à bon droit, proclame qu'elle n'a jamais subi aucun contact avec la révolution et qu'elle est restée étrangère aux hontes et aux humiliations de ces dernières années.

Bien plus, comme si la Providence voulait donner au principe monarchique toutes les garanties désirables, elle tient à sa disposition, pour l'heure qu'elle s'est réservée et que seule elle connaît, un homme étonnant qui, dans l'exil et partout, commande par ses grandes qualités, le respect et l'admiration de l'Europe. Ce n'est point un prétendant, c'est plus que cela : c'est l'incarnation vivante de la patrie, son passé et son avenir.

Quoi qu'on fasse et quoi qu'on dise, l'avenir appartient à cet homme, qui écrit et pense avec le cœur de Henri IV et la plume de Louis XIV. Tout est à l'unisson dans cette âme royale si grande et si sympathique. Comme toujours, il veut la liberté, l'unité politique et le suffrage universel ; ce qui le sépare de la révolution, c'est qu'il veut sincèrement ces nobles choses, tandis que celle-ci n'en veut que les apparences, assez cependant pour voiler aux yeux de la nation ses doctrines matérialistes, autoritaires et anarchiques.

La monarchie traditionnelle ainsi complétée, s'offre à nos regards comme l'expression parfaite de la nationalité française. Pouvoir héréditaire traditionnel, il consacre, nous ne saurions trop le répéter, l'accord admirable du principe d'autorité avec la liberté, que la science antique avait pressenti. Forme politique qui n'est ni mixte, comme la restauration, ni sujette, ni absolue, ni anarchique, comme les régimes de 1830, de l'empire et de la république, mais qui est la forme vraiment monarchique, parce qu'elle est tout à la fois légitime, traditionnelle, indépendante, représentative et tempérée, sans aucun mélange d'importation étrangère, sous l'égide de laquelle viendront, tôt ou tard, s'abriter les hommes de cœur et honnêtes qui veulent le bonheur de la France.

Une pareille monarchie, qui peut se définir : grand pouvoir, grandes libertés, serait à l'étroit avec l'organisation départementale. Sûre de ses fondations, elle ne craint pas la liberté, qu'elle aime et dont elle veut être aimée. Sympathique à tous les progrès, elle accueille tout ce qui peut les développer ; à ce titre, l'organisation plus étendue par provinces, répondrait davantage à ses besoins. Les inventions modernes, en centuplant les relations entre citoyens, en donnant une vie plus active au commerce et à l'industrie, imposent des groupes territoriaux en rapport, et il n'y en a pas de plus naturels que les anciennes divisions provinciales formées par les mœurs et les intérêts séculaires des populations (1).

Cette monarchie veut un roi, et non un semblant de roi, soi-disant irresponsable et toujours la victime ex-

(1) Cela est si vrai que l'on est obligé de créer pour les réunions de certains intérêts généraux des circonscriptions renfermant plusieurs départements.

piatoire de toutes les fautes de la nation. Le roi, dans un gouvernement comme celui de la France, n'est ni dépendant, ni maître ; il règne, gouverne avec des ministres et le concours des Chambres.

La Chambre haute ou des pairs, dont les membres sont nommés par le roi, se recrute dans tout ce qu'il y a de plus élevé dans le pays. Si elle est entourée de considération et de prestige, le pays grandit ; dans le cas contraire, si elle se trouve effacée par la chambre basse, le pays descend. Par sa nature et ses attributions, la Chambre des pairs est un pouvoir pondérateur, chargé d'introduire en tout le calme, la réflexion, l'objection et le retard même.

La Chambre des députés est une assemblée d'hommes d'affaires et non d'hommes politiques. L'expérience, les tendances de notre caractère, la mobilité de nos mœurs, nous en font une nécessité absolue. Plusieurs projets touchant son recrutement, ses attributions et son fonctionnement ont été émis. Sans vouloir les discuter pour le moment, peut-être pourrait-on employer avec avantage, celui de la proportionnalité. C'est-à-dire que sur 500 membres composant l'assemblée, 150 élus par le suffrage universel, un ou deux par département, selon leur importance, représenteraient les intérêts généraux ; les 350 autres membres représenteraient l'agriculture, le commerce, etc., tout groupes d'intérêts dignes de ce nom et seraient nommés par le suffrage des citoyens dont ils seraient l'expression intéressée. L'agriculture en aurait un certain nombre, les autres intérêts un nombre inférieur, en rapport avec leur étendue. Cette diversité d'origine et dans le nombre, se prête beaucoup à l'équilibre et rendrait les coalitions plus difficiles. Le gouvernement aurait plus de loisir pour s'occuper des graves affaires de l'Etat, et les fonctionnaires de nos départements subiraient moins les exigences des députés.

La monarchie veut le suffrage universel, qui devient une institution nationale, mais elle le veut réglé et libre, où la liberté individuelle du travail et de la propriété se trouve solidement affermie, sous l'influence protectrice de la décentralisation administrative qui crée les mœurs publiques, en donnant à tous l'habitude et l'intelligence de la vie publique. Le suffrage universel, dans ces conditions, ne sera plus qu'une des formes variées de la liberté, au lieu d'en être le monstrueux et absurde adversaire.

Dans l'ordre religieux, la monarchie accepte le principe de l'indépendance de l'Eglise, non pas comme l'entend la révolution : « L'Eglise libre dans l'Etat libre, » mais comme la foi, la raison et le bon sens nous l'enseignent. Pour cela, il est nécessaire que cette indépendance soit entourée des plus solides garanties.

La monarchie nationale a un attrait instinctif pour la classe ouvrière, et elle se croit appelée à résoudre en sa faveur le problème de sa prospérité qui, à juste titre, appelle l'attention des hommes d'Etat. La sollicitude du comte de Chambord pour elle, perce dans tous ses écrits et indique une volonté entière et réfléchie qui promet un gouvernement désireux de s'en occuper d'une manière efficace.

La presse ne peut et ne doit pas jouir d'une liberté absolue. La liberté absolue de penser et de transmettre ses idées est aussi insensée que peu honnête. La vraie liberté, qui est le droit limité par le devoir, est toujours subordonnée à la conscience, que toute nation est tenue de respecter, sous peine de tomber dans la plus détestable des tyrannies.

Nous voudrions qu'à l'imitation de l'Angleterre, lors de l'avènement chez elle du régime constitutionnel, la presse fût soumise à une législation énergique qui, avec le développement des mœurs et de l'esprit public, se transformerait en une tolérance armée.

La constitution monarchique consacre : la tolérance complète pour les cultes reconnus, la liberté de l'enseignement, l'inamovibilité de la magistrature et la responsabilité des fonctionnaires pour abus de pouvoir, ainsi que la responsabilité des parties adverses pour abus de poursuite. Enfin, la liberté politique et individuelle des citoyens.

Telle est, en substance, le programme de la monarchie comme elle nous est apparue dans les écrits du prince, et que, sous notre propre responsabilité, nous donnons ici. Programme que l'histoire appellera un jour la charte du XIXe siècle et qui, entre le souverain qui l'a conçue et le peuple qui l'acceptera, sera la gloire de l'un et de l'autre.

Eh ! de grâce, qu'on cesse d'outrager le bon sens et la vérité, en venant nous parler de dîmes, de tailles, corvées, de caste prépondérante, d'influence cléricale et de roi d'un parti ! Les dîmes et les tailles fleurissent plus que jamais aujourd'hui, et le pauvre contribuable les connaît sous le nom d'impôts, corvées et budgets.

La noblesse, comme caste, n'existe plus, nous l'avons assez démontré ; elle s'est fondue un peu partout, et elle appartient aussi bien aux camps opposés au comte de Chambord qu'au sien. La seule aristocratie vivante, menaçante, qui doive inquiéter l'ombrageuse égalité, est la féodalité des grandes compagnies industrielles qui pèsent si lourdement sur le pays.

Roi d'un parti ! Mais les hommes de bonne foi savent que le comte de Chambord tient à être uniquement le roi de tout le monde. Il l'a prouvé en refusant de se prêter à aucune combinaison douteuse, à aucun compromis, à aucune équivoque. Un tel caractère, à une époque d'abaissement comme la nôtre, où l'accomplissement des moindres devoirs coûte tant à notre faiblesse, peut et doit s'attendre à être un moment isolé, du moins en apparence, par suite d'un malentendu, d'une surprise; mais combien cette fermeté inflexible atteste de grandeur et donne à espérer! Les millions de personnes qui l'aiment n'en seront que plus dévouées, et ce qui fait, aux yeux de ses adversaires, sa prétendue faiblesse, deviendra une force irrésistible à l'heure voulue.

Sans boussole, et poussée aux abîmes par le vent furieux de la révolution, la France s'y précipite tête baissée. L'y laisserons-nous tomber, et devrons-nous assister impassibles à sa ruine, méditée par ses ennemis de l'intérieur et de l'extérieur ? Dans une situation si douloureuse, n'imiterons-nous pas nos ancêtres ? En 1594, la France, ravagée par la guerre civile et l'étranger, allait succomber, quand nos pères se ravisant, proclamèrent d'une voix presque unanime l'homme extraordinaire qui, sous le nom de Henri IV, fut, sans contredit, un des rois les plus accomplis que nation ait jamais rêvé.

Il n'est plus possible de se le dissimuler, la reconstruction de la France ne peut se faire que par un retour sans réserve aux vrais principes de 89. On s'effraie des difficultés à vaincre ; on ne remonte pas, répète-t-on sans cesse, le cours des âges, pas plus que le fleuve ne remonte à sa source, et cela dit, on se croit dispensé de tout effort et on prend le parti du laisser-faire. Il est vrai, le fleuve, objet purement matériel, suit la loi fatale de la matière ; mais l'homme, ce roseau pensant, a le devoir et la puissance de remonter le courant de ses erreurs. La pensée de la France, habituée dans les bas lieux, ne comprend plus les choses d'en haut ; nous avons perdu l'idée de la distinction de notre origine, et il semble que nous n'attendions notre salut que de quelque combinaison économique ou scientifique. Un peuple qui veut vivre fort et honoré, doit croire, parce que s'il ne veut pas croire il est condamné à servir. C'est la loi morale de l'humanité qui n'est jamais transgressée impunément. Effacez-la de nos codes et de nos mœurs tant que vous voudrez, et nous verrons si avec vos gendarmes et vos décrets, vous vous sauverez de la destruction imminente que chacun pressent. A la tâche si ardue de notre reconstruction, il faut l'intervention du Pontife et du Monarque, chacun dans la sphère de ses attributions naturelles. Par ces deux autorités, tout se refait, se répare et se concilie, parce qu'elles sont conformes aux besoins et aux vœux de notre société épuisée, mourante sous l'excès, tour à tour, du pouvoir ou de la liberté.

Terminons par un trait emprunté à notre histoire.

A l'époque de la guerre de cent ans, la France était devenue la proie de l'étranger et des partis qui s'en disputaient les lambeaux. Paris recevait triomphalement l'Anglais ; tout semblait perdu. Cependant un jeune homme sans expérience, abandonné, trahi, mais armé d'une invincible espérance, frappait à une heure de la nuit, à la porte d'une modeste cabane de paysan. — « Qui est là ! » répondit-on. — « Ouvrez, dit l'inconnu, ouvrez à la fortune de la France ! » L'inconnu, c'était le Roi, sans couronne et sans sujets, mais c'était le Roi, la représentation vivante de notre foi et de nos traditions nationales, qui, peu après, chassait l'étranger et pacifiait les cœurs. Tout était sauvé !

Aujourd'hui, comme autrefois, les mêmes dangers nous menacent, mais les mêmes espérances nous animent et nous soutiennent. Catholiques, chrétiens français qui voulez la liberté pour tous, l'intégrité de la conscience et de la patrie, l'heure est venue de s'affirmer dans sa foi religieuse et politique, et de défendre notre histoire, qui est notre honneur, contre les calomnies calculées de la révolution. Tel est le devoir qui s'impose à tous ; s'y soustraire, c'est manquer à Dieu, à la France et à soi-même.

TABLE DES MATIÈRES

TROISIÈME PARTIE. — LA FRANCE NOUVELLE.

Marseille. — Imp. E. Jouve et Cie, rue Montgrand, 36.

www.ingramcontent.com/pod-product-compliance
Ingram Content Group UK Ltd.
Pitfield, Milton Keynes, MK11 3LW, UK
UKHW020153200726
13856UKWH00003B/975

9 782011 791375